阅读成就梦想……

Read to Achieve

DIGITAL LEADER

5 Simple Keys to Success and Influence

互联网领导思维

成为未来引领者的五大法则

【美】埃里克·奎尔曼（Erik Qualman）◎著 师蓉 ◎译

中国人民大学出版社
·北京·

前言

人生、领导思维和网络遗产

一个人是他的行为、他的举止、他所能做的事的集合，除此之外别无其他。

甘地

以往，如果你达到了一定的名望或对社会有巨大贡献，那你就可能会被印在邮票上，从而名垂千史。例如，尼尔·阿姆斯特朗是第一个在月球上行走的人，为此，人们发行了一枚邮票来纪念该事件。然而历史上很少有人能达到这样高的名望。互联网时代则改变了这种观念：现在我们每个人都有一枚属于自己的网络化邮票。这种全新的邮票并不只是为这个世界上有名望的人准备的，它所带来的影响力要远远大于普通邮票。

网络化足迹和网络痕迹构成了我们在世界上永久的印记：一份关于我们人生的详细信息，可以让同时代和未来的人查看并思考。网络化足迹是我们自己在网上发布的信息，而网络痕迹则是由其他人上传的。它们已经彻底改变了当今的世界，作为现任引领者或有抱负的引领者必须适应这一新的变化。虽然沿途会不断有人帮助你，也会有人不断妨碍你，但只有你自己才能决定你要成为多杰出的引领者，以及你的整个人生印记。

随着技术的不断进步和方便获取，我们每个人都第一次在历史上创建了永久影响力的标记——对某个人来说，我们都是某个人的网络化名人和英雄。

我们今天的所作所为会被永久记录，这对于大多数人来说是很新奇的一件事，但它也可能会让人无所适从。我们的隐私究竟从哪里结束，而我们的网络化遗产要从哪里开始呢？

作为引领者，这个新世界将如何影响我们的引领方式呢？怎样才能成功地引领自己和别人（如我们的孩子、员工、教会成员、队友）呢？需要遵循哪些法则才能成为杰出的互联网引领者呢？要知道我们的行为在今天、明天甚至一百年后都会有影响力。如果你确实想要这样的人生，就需要改变你的领导思维习惯，以适应全新的、开放的互联网时代。从今天开始就应该作出改变。

打造互联网领导思维的 5 大法则构成了 STAMP（SIMPLE、TRUE、ACT、MAP 和 PEOPLE 的首字母缩写），它喻示着你在自己和其他人的人生中的个人“邮票”。本书将会深入全面地讨论这 5 大法则：

简化（SIMPLE）：成功是简单化和聚焦化的结果；

忠诚（TRUE）：忠于自己的激情；

行动（ACT）：不行动的话就不会有任何事情发生，因此迈出第一步很重要；

路径（MAP）：获得成功所需的目标和愿景；

人才（PEOPLE）：互联网时代，只凭一己之力无法取得成功。

领导思维的网络化遗产并非是遥不可及的东西，它是由你现在的所作所为创造的。从今天开始，我们将拥抱我们的互联网时代，并选择一个充满激情、有目标追求的人生，从而开始踏上通往成功的征程。互联网领导思维的 5 大法则，我们将授权他人，让他们获得最大的成功，我们也将从追随者的成功中获益——“将欲取之，必先予之”。

无论你是中产阶级妇女还是 CEO，要想有效地引领自己，就必须了解如何才能正确地在这个完全透明的互联网世界中不断进取。在互联网时代，你的所作所为（不管是在网上还是现实生活中）都会以自己的方式进入互联网领域。你不再同时拥有私人和公众生活——它们已经合二为一了。我们在沙滩上留下的脚印会被下一次潮水冲走，但是我们的网络化足迹将永远存在。对于大多数人来说，这是一次根本性的转变。

例如，当一份内部工作备忘录被泄露给媒体、社交网络和各种博客时，星巴克的董事长霍华德·舒尔茨（Howard Schultz）会感到非常不安。舒尔茨与公司负责全球营销传播工作的旺达·赫尔顿（Wanda Herndon）进行了一次交谈。舒尔茨问道："你听说备忘录的事了吗？"旺达回答说她知道这件事了。舒尔茨不可置信地摇摇头，说这种背信行为对他造成了多么严重的伤害。旺达就事论事（舒尔茨期望并赞赏的方式）地回答道："霍华德，没有什么是保密的。这就是我们所面临的新挑战"。

> 人这辈子没办法做太多事情，所以每件事都要做到精彩绝伦。因为这就是我们的宿命……人生苦短，你明白吗？
>
> 史蒂夫·乔布斯

舒尔茨承认："备忘录的泄露帮助我了解了发生在信息流动方式和所传达内容上的巨大改变。技术重新定义了人际关系的本质和人们消磨时间的方式。最根本的社会转变正影响着我们员工和顾客的心理。直到备忘录泄露才让我意识到这一点，但时机刚刚好。"

互联网安全公司 AVG 对北美（美国和加拿大）、欧盟 5 国（英国、法国、德国、意大利和西班牙）、澳大利亚、新西兰和日本的母亲做了调查。调查发现，在不满 2 岁的儿童中，有 81% 具有个人网络信息资料——粘贴在网上的照片。而在美国，这个比例更是高达 92%。

正如 AVG 的 CEO 史密斯爵士（Jr.Smith）所说："想想就会感到震惊，现年 30 岁的人，他的网络足迹最多可以追溯到 10~15 年前。可是现在绝大多数儿童在他们 2 岁时就已经拥有了自己的网络足迹。这个足迹会伴随着他们的整个人生。"他提醒家长们注意一下他们发布到网上的内容，因为这些内容将会伴随孩子的一生。

“我们的研究表明，这种趋势正在不断发展，孩子们的网络化生日有可能就是他们的出生日期，很多情况下甚至比他们的出生日还要早。甚至有25%的家长在孩子出生前，就把他们的超声波照片发布到了网上。”因此，史密斯建议家长们考虑两件事：一是你正在为一个人创建会伴随他/她一生的网络化历史。你想给孩子创建什么样的网络足迹？将来他们会怎么看待你所发布的内容呢？二是它提醒家长们注意他们的社交网络和其他档案隐私设置的必要性。否则，孩子的照片和其他信息不仅会被朋友和家人分享，也会被整个网络世界所共享。

对舒尔茨和爱护子女的家长来说，这个全新的现实是可怕的。下面我们会试着来简化（现实生活和网络中）一下现代领导思维的概念。

很多技术恐惧者听到“网络化”这个术语时,第一反应都是这与他们无关。千万不要这么想。即使你从来没有摸过电脑，你的人生也在被其他人记录。比如，孙女将奶奶演唱卡拉OK的手机视频发布到她最喜欢的社交网络上，这就是网络痕迹的最好例子。

不管是将来还是现在，网络化遗产都具有突显个人人生中各种奇闻逸事的能力。尽管使用了术语“网络化”，但它并非只与技术相关。如果将你在现实生活中的行为记录在互联网上，那么它也影响你在实际生活中的行为。不论我们是互联网专家还是网络新手，都有实现我们最好人生的能力。快乐和充满目标的生活意味着后人会以敬畏、钦佩的态度来审视我们留下的网络化遗产，而不是以一种同情或冷漠的态度。它还意味着我们具有引领我们周围和离我们很远的那些人的能力。简单来说，就是来自个人的声音已经变成世界之音。随着技术的进步，引领者的影响力也正在与日俱增。

现在至关重要的不再是我们能从这个世界得到什么，而是我们能留下什么。作为个人和引领者，我们需要扪心自问：我们有没有让世界变得更好？

> 展望下一个世纪，引领者就是那些肯授权他人的人。
>
> 比尔·盖茨

经验丰富的作家会建议你先写一本书，然后再想下一个好点子。在写畅销书《颠覆：社会化媒体改变世界》(*Socialnomics*) 的过程中，我就有了写本书的想法。大约在同一时间，我开始陆续收到我的 MBA 学生、财富 500 强企业、小型企业、教堂、非营利组织、朋友和家人的问题。当我在世界各地，与一些国家的总理、名流、CEO 和慈善机构的负责人同台做主题演讲时，这些引领者和观众的问题和需求开始变得越来越趋同。他们的关注点都是围绕着个人隐私、足以淹没他们的大量信息、多产出少回应的需求，以及如何才能维持他们自身的卓越才能。他们想知道在这个不断变化的互联网世界中，这些问题在维持（或进入）领导思维方面发挥着什么样的作用。在我看来，它们是以这样的模式出现的：在当今的移动互联网时代，要怎么实现最好的人生、领导思维和遗产？因此，我下定决心寻找答案。

本书并不是看过就束之高阁的读物。我希望你能够标记出与你最为相关的内容，然后经常翻阅它们。本书中还设有很多“互联网行为建议”栏目。这些实用和网络化的建议用来帮助读者理解可用的在线和网络化工具。尽管经常会有新的网络工具出现，但你只需登录我的网站 equalman.com 就能获取最新的信息和更新程序。

虽然沿途中不断会有人帮助你，也会有人妨碍你，但是只有你才能决定你要成为多么杰出的引领者以及你的整个人生印记。下面这首我自己创作的诗就是最好的说明。

我的人生印记

当我还是一个没有计划的青年时，
我的父亲经常会问我：
“你想在沙滩上留下什么样的足迹？”
当时这并没有什么意义，
但是随着时间的推移，
它变成了激励我前进的动力。
如果由我决定，
我会留下什么样的遗产？
我的遗产，
应该是
一个遥远而远大的梦想。
说到底我是谁呢？
我只是个普通人，
有时候还有点害羞。
然后我意识到你看到的，
我的遗产是由我自己决定的。
社交媒体、搜索、手机等，
都会留下网络化足迹。
网络痕迹，
如果你愿意的话，
就追踪我所完成的吧。
我的孙子和曾孙，
会看到什么，他们会怎么想我呢？
我的网络化遗产是什么？
他们会看到我追逐梦想，
还是看到我安于现状呢？
他们会看到我一生都在做自己喜欢的事情，
还是看到我一生都碌碌无为？

网络化足迹会一直存在，
所以我一定不能犯罪。
你说，什么是犯罪呢？
当然它就是，
没有珍惜时光。
是的，在我临死前，
我宁愿失败，
也不愿从来都没有尝试过，
我要飞上蓝天，
大声地笑，
大声地哭。
我是因为快乐而哭泣，
因为我活在当下，
展望未来。
我的遗产，
是由我决定的。
这就是我的看法，
但我现在要问你，
你打算怎么办？

当你想要过充实的生活时，就看看这本书，本书还是帮助你引领他人的指向灯——尽量多翻翻这本书。在很多方面，我写这本书不只是为了你，也是为了我自己。虽然我已经竭尽全力来坚持设定的这些原则，但要始终遵守这些原则，还有相当长的一段路要走。

对于正处在职业或人生巅峰的读者来说，本书旨在提醒他们，即使是最有成就的人也需要重温这些让他们取得成功的基础法则。如果他们没有这么做，那么他们的成功将会是短暂的。在今天和未来的移动互联网时代尤为如此。

让我们开始人生、领导思维和网络化遗产的提升之旅吧。

目　录

CONTENTS

法则3

ACT行动力 迈出第一步

法则4

MAP路径 获得成功所需要的目标和愿景

法则5

PEOPLE人才 互联网时代，仅凭一己之力无法取得成功

SIMPLE

法则1

简 化

成功是简单化和聚焦化的结果

1. 生活是复杂的，那些能将它简化的人才是赢家；
2. 对互联网时代引领者来说，抱怨是致命的；
3. 所有人都会犯错，如何用网络化方法处理这些错误，才是让我们与众不同的关键。

SIMPLE简化： 成功是简单化和聚焦化的结果

TRUE忠诚： 忠于自己的激情

ACT行动： 不行动的话什么都不会发生——迈出第一步

MAP路径： 获得成功所需的目标和愿景

PEOPLE人才： 互联网时代，仅凭一己之力无法取得成功

第1章

简化一切

诀窍并不是往里面添加东西，而是从中删除它们。

Facebook创始人马克·扎克伯格

Napster 公司的联合创始人、Facebook 早期的顾问肖恩·帕克（Sean Parker）曾经这样评价 Facebook 创始人马克·扎克伯格：“真正伟大的领导思维（尤其是在创业初期）是清楚在什么时候说不——让大家想起他们的愿景，并充满期望，但也知道什么时候该加以限制（尤其是在产品方面）。你无法包揽所有的事情。这是马克所不知道的，也是马克需要汲取的教训。”

和马克·扎克伯格一样，我们都需要学习并不断重温“少即是多”这个口号。“小就是大”这句话已经出现有些时日了，但很多人发现，很难将它付诸实践。不管你是掌控着一家价值几十亿美元的公司，还是只掌控自己的人生，在这个移动互联网时代中，成功都依赖于简化一切——这的确是一个非常复杂的任务。

同时处理多个任务只会适得其反

当你看到一件很棒的 t 恤上面印着“同时处理多个任务是搞砸两份工作最

好的方法”的字样时会怎样想？很多人认为，自己有这么多的Twitter帖子、短信、状态更新、来电和社交游戏要处理，所以只能同时处理多个任务。不断增加的工作任务、梦想和欲望促使我们尝试着在有限的时间里做更多的事情。你可能会问：“我们不需要同时处理多个任务吗？”答案是——是的，我们不需要这样做。我们都认为这样做可以提高效率，但颇有讽刺意味的是，不能正确地进行多任务处理反而会降低效率。

下降的工作效率

英国精神病学研究所的一项研究表明，在执行一项有创意的任务的同时，检查电子邮件，会使你的IQ降低10个百分点。下降的程度相当于36小时没有睡觉的效果——其影响是吸毒的两倍多。

信息技术研究公司Basex在对其中1 000多名员工进行研究实验后发现，低效的程度是如此地惊人，每个人每天都会有2.1个小时被中断。这一数字意味着26%的工作时间会因为同时处理多个任务和不必要的中断而被浪费掉。美国国家卫生研究院神经疾病及中风研究所的认知神经科主任乔丹·格拉弗曼（Jordan Grafman）解释说：“有很多人在研究大脑是如何同时处理多个任务的。但从根本上来说，他并非同时处理多个任务，而是在任务之间进行快速切换。”

由加利福尼亚大学教授组织的另一项研究表明，正处在工作状态的员工在工作11分钟后，就会被打断或必须做其他事情，之后他们需要25分钟才能重新开始原来在进行的任务。

微软研究实验室进行了一项不同类型的研究，但其结果却是相似的。他们发现，40%的参与者被中断（如电子邮件或电话）后，会转而做其他的事情。而只有60%的参与者依然将注意力放在他们原来的任务上。

由斯坦福大学的心理学家安东尼·瓦格纳(Anthony Wagner)和伊瓦尔·奥

菲尔（Eval Ophir）进行的一项研究表明，与在不同时段处理多个任务的大学生相比，同时处理多种信息（比如在编辑网络文本、煲电话粥的同时，检查状态更新、阅读邮件）的大学生的表现更为糟糕。究竟是什么原因造成了这些差别（是因为经常同时处理多个任务的人正好精神混乱，还是同时处理多个任务满足了这个条件）。斯坦福大学的认知科学家克里夫弗·纳斯（Clifford Nass）说："这是一个价值连城的问题，可惜的是我们还没有找到答案。"

研究员大卫·迈耶博士（Dr. David Meyer）在密歇根大学进行了一项多任务研究。他说："如果一个人在这样的环境中工作：专心致志打字的同时，还必须接电话并和同事或老板交谈——他们一直都在不停地进行切换。如果无法在几十分钟内专心做一件事，就意味着可能会给公司带来20%~40%的效率损失，或需要20%~40%的切换'时间成本'"，迈耶还指出，"这有点像克林特·伊斯特伍德（Clint Eastwood）在电影《肮脏的哈里》（*Dirty Harry*）中的一幕。在电影的最后，克林特说：'一个人必须知道自己的弱点'。"

> 多于三个重点相当于没有重点。
>
> 吉姆·柯林斯
>
> 《从优秀到卓越》作者

我们的网络化连接

既然提到了我们的弱点，就让我们来看看与我们的网络化连接和时间限制相关的平均参考数据（下面都是基于美国的数据）：

* 20 = 一个家庭平均拥有的电子设备数量；
* 95%的家庭都会上网；
* 43%的成年人认为他们花在网上的时间太多了；
* 和孩子相比，更多成年人会在吃饭的时候会被上网或手机打断；
* 64%的成年人认为孩子花在网上的时间太多了；

* 18%的成年人想过一天没有高科技的生活；
* 86%的人认为互联网让他们变得更明智、更有学问。

对上述统计数据和研究的充分了解，可以在把我们塑造成卓越引领者的过程中，帮助我们提高自我意识。例如，作为家长，应该知道（上面的参考数据）成年人更容易被科技中断进餐。指责孩子每天发太多短信，却在餐桌上因为接电话而影响大家的进餐，这样无助于你领导自己的家庭成员。

《纽约时报》畅销书《每周工作四小时》（*The Four Hours Work Week*）的作者蒂姆·费里斯 (Tim Ferris) 也坚决反对同时处理多个任务，尤其是与网络化连接相关的任务。当普林斯顿大学问他如何同时处理多个任务时，费里斯回答道："我会尽量排除需要同时处理多个任务的情况。同时处理多件事情，会使我一件都完成不了。很多紧急事件其实并没有那么紧急。产出比投入更重要，把一天的时间都用来阅读邮件是很糟糕的。"

互联网行为建议

技术让我们生活得更轻松

使用技术来简化生活，而不是将生活复杂化。下面是一些建议。

1. 在上午 10:00~10:30 和下午 3:00~3:30 集中处理你收件箱中的各种邮件。
2. 如果不知道对方是谁，就不要立刻接听电话、回短信或聊天。
3. 不要阅读设备 / 应用程序 / 软件的说明书，它们大多数都写得很烂。阅读在线提示、论坛，观看介绍产品的视频。现在学到的简单建议，可能会节省你将来很多的时间。
4. 在网上购买日常用品。与你所花费的时间、耗费的汽油、提东西时使的劲儿和实际运输成本（从车上卸下采购的物品、爬楼梯、快要融化的冰激凌等）相比，出的快递费（大约是 7 美元~ 10 美元）几乎可以忽略不计。利用允许你每周都能再次订购这些东西的选项。
5. 像网球赛那样处理网上的沟通与交流：简单地回复（一两句话），快速把“球”打回给对方；在适当的时机打出“决胜球”，礼貌地结束交谈。就像凌乱的书桌会降低效率一样，凌乱的收件箱也会降低效率。

6. 大部分收件箱都有按发件人排序的优先级工具，帮助你按重要程度给邮件排序——一定要使用该功能。
7. 一次及时的按键抵得上按九次键——学会最常用程序的快捷键。
8. 给重要人士提供联络你的不同方式（比如说“发短信给我”）。这样可以减轻你的压力，因为真正紧急的信息不会淹没在其他信息中。
9. 强调使用网络沟通工具（如点播电视或播客）来查看日程安排中的电子内容。这样可以避免将时间浪费在你不感兴趣的事情上，如广告或一段程序。
10. 浴室、汽车、健身房或地铁都是听录音材料（如，播客）的好地方。可以考虑在浴室中放一个小型便携式音箱，这样就可以把手机插进去了。
11. 调整浏览器，打开电脑或手机时可以自动加载最常访问的 5 个网站。
12. 给手机配一个好的无线 / 蓝牙耳机。在你讲电话的时候，就可以做一些不费脑子的工作了（比如说，洗碗、叠衣服）。
13. 无需提供太过密切的注意。除非你是一名日内交易员，否则不停地查看股票价格的波动会很浪费时间和精力。
14. 购买新电脑时，选择一款可以在“睡眠”模式下关闭，而不是完全关机（如，“休眠”模式）的电脑。这样可以避免每次等待电脑的启动或关闭。
15. 在手机上下载一款免费的文字识别应用程序 / 软件。它可以根据我们输入的语音来输入文字。虽然目前还不完美，但是快速记笔记还是很方便的。这样就可以轻松地给朋友和家人发短信。不仅可以节约大量时间，还能消除触摸屏的打字难题。
16. 如果你经常旅行，就购买一台便携式扫描仪，扫描你收到的所有收据和名片。最重要的是，它们会自动上传到 Excel 和你的联系人列表中。这样等旅行结束后，你也不需要再手工输入它们了。

加重你的身体负担

同时处理多个任务不仅会降低工作效率，还会加重你的身体负担。不停地在任务之间切换，对大脑来说是很艰巨的——类似于在电脑上运行多个程序时，电脑的速度会明显变慢。《神经影像》（*NeuroImage*）杂志上刊登的一项研究表明，同时管理两种脑力活动会减少用于每个任务的脑力。卡耐基梅隆大学认知脑成像中心的负责人贾斯特博士（Dr.Just）说："这并不表示你不能同时做几件事。但是如果我们认为这样做不会有任何代价的话，那就是在拿我们自己开玩笑了。"因为同时处理多个任务，会令人感觉不堪重负，失去热情，甚至满怀焦虑，最终可能会导致抑郁症。

南佛罗里达焦虑症治疗中心的创始人兼董事长安德鲁·罗森博士（Dr. Andrew Rosen）告诉《基比斯坎》杂志（*Key Biscayne Magazine*）："人们的生活已经变得太复杂了——他们在同一时间段里有太多的目标，总是需要同时处理多个任务。有些人在吃饭的时候发短信、看新闻，这对大脑来说是最糟糕的。但有些人却认为，同时处理多个任务会提高他们大脑的能力，就像锻炼肌肉那样。而实际上它会使我们的神经元过载、用光我们需要的大脑化学物质，并使我们的中枢神经系统过载"。《读者文摘》中刊登过一项研究，让志愿者在吃饭的时候玩电脑游戏，并在这个过程中提供饼干作为甜点。他们在餐后所吃的饼干数量，是那些没有在吃饭的时候同时处理多个任务的人的两倍多。同时处理多个任务时，我们的工作质量会受到影响，进而使我们的满足感和成就感降低，真是得不偿失呀！

同时处理多个任务所带来的不良后果和中断是能够避免的。这一切都是由于没有正确设置优先级所导致的结果。要想成为互联网时代的引领者，关键在于意识到你无法、也不应该试着去完成所有的任务。你只有接受了这个事实，才能更好地处理你应该要完成的任务。

规则中的例外

当然也有很多可以同时处理多个任务的情况。最显著的莫过于我们突然陷入某些导致空闲时间的例外情况中。效率专家迈克尔·福尔蒂诺（Michael Fortino）为我们提供了美国普通大众的一些平均数据，这些数据让人感到不安。你的一生大概也是如此度过的：

* 七年时间是在浴室度过的；
* 六年时间用于吃东西；
* 五年时间用于排队；
* 三年时间用于参加会议；
* 两年时间用于玩“电话捉迷藏”游戏；
* 八个月时间用于打开垃圾邮件；
* 六个月时间用于等红绿灯。

你平均每天都要被中断 73 次，花 1 个小时做家务，花 4 分钟和爱人聊天，花不到 3 分钟来锻炼，和孩子玩 2 分钟。了解这些统计数据，可以让我们变得更有效率。飞机延误就是一个好例子：在等飞机的时候回邮件和短信，这样就能充分利用你的空闲时间了。

> 你只有接受了“你无法完成所有事”这个事实，才能更好地处理你应该要完成的事情。
>
> @奎尔曼

在超市排队结账或长时间候诊的过程中，技术便成为了你的救星。在这种情况下，比起因为等待而变得焦躁不安，检查微博、微信朋友圈的状态、回复邮件或发短信都能更好地利用时间。但是如果你想让大脑休息一下，而且也不会因为等待而心烦意乱，那么稍微休息一下也很不错。

不妨考虑一下以下积极的多任务组合：

* 看电视或打电话的时候叠衣服；

* 健身的时候听播客；
* 洗澡的时候清洗浴缸；
* 听法语教学的时候哄宝宝睡觉；
* 在浴室里阅读。

尽量不要进行下面这些消极的多任务组合，这样做会在给你增加压力的同时，降低你的效率：

* 给董事会写备忘录的时候听播客；
* 讲电话的时候看YouTube上的视频；
* 和别人会面的时候接电话或回短信；
* 开车的时候发短信。

开车的时候发短信比酒驾更危险

开车的时候发短信就是典型的同时处理多个任务的不利情形。如果你的孩子、丈夫或妻子不听你的劝告，总是在开车的时候发短信或在 Twitter 上发帖，就让他们看一下《汽车与驾驶》杂志（*Car & Driver*）的一项测试结果（请见表 1—1 和表 1—2），这项测试观察了两名司机在不同行驶速度下的反应时间。

表1—1　　以35英里/小时的速度行驶时的反应时间和停车滑行距离

平均速度为 35 英里 / 小时	反应时间（秒）		停车的滑行距离（英尺）	
	驾驶员 1	驾驶员 2	驾驶员 1	驾驶员 2
基础数据	0.45	0.57	—	—
阅读	0.57	1.44	6	45
发短信	0.52	1.36	4	41
疲劳驾驶	0.46	0.64	1	7

表1—2　　以70英里/小时的速度行驶时的反应时间和停车的滑行距离

平均速度为70英里/小时	反应时间（秒）		停车的滑行距离（英尺）	
	驾驶员1	驾驶员2	驾驶员1	驾驶员2
基础数据	0.39	0.56	—	—
阅读	0.50	0.91	11	36
发短信	0.48	1.24	9	70
疲劳驾驶	0.50	0.60	11	4

特别要说明的一点是，《汽车与驾驶》杂志发现，和专心驾驶时的数据相比，以70英里/小时(103英尺/秒)的速度疲劳驾驶，要多行驶8英尺的距离才会对危险作出反应，开始刹车。相比之下，发短信的驾驶员对危险作出反应和刹车要多出40英尺。

因此驾驶途中发短信的驾驶员，其反应时间是疲劳驾车驾驶员的5倍，以35英里/小时的速度行驶的数据也是如此。从这些数据可以推断，开车时发短信是最危险的行为。

如何避免同时处理多个任务

中断通常会引起多任务的发生。比如说，你有多少次是在和中断者说话的同时打字。这种情况对你、收件人和站在你面前的人都不好。下次出现这种情况时，请就这样说："简，很高兴你过来找我。请允许我下午再去找你，我现在有点忙。"某些情况下，这样会帮你脱离困境。她可能觉得路过你旁边就得和你说话，否则就显得不太礼貌。

如果你不断被同事、即时消息或电话中断手中的工作，不妨找一间小型会议室，带上你的笔记本电脑躲一下。如果是在家里，就带上你的笔记本电脑或平板电脑到附近的咖啡馆或公园。另一种方法是：戴上手机的耳机或耳塞，这样人们就不太可能打断你了。

我们应该向作家寻求指导，如何才能避免同时处理多个任务。作家们一直以来都知道，只有全神贯注才能写出最好的作品。他们通常会找一个偏远的地方或夏季别墅来完成他们的作品。我们不需要学习大卫·梭罗 (David Thoreau)，他为了写《瓦尔登湖》(*Walden*)，独自一人在树林里生活了两年。但如果将我们的生活方式向那个方向改变一下，那将是积极提高效率的第一步。

和作家一样，美国国家橄榄球联盟（National Football League，NFL）和美国职业棒球联盟（Major League Baseball，MLB）的球队都会将偏远的地方作为他们的训练营。NFL 球队会去远离他们各自城市的小城镇待上几个星期，而 MLB 球队则在暖和的小镇进行他们的春训。公司异地举办会议也是基于这种理念。选择的地方通常不是纽约的曼哈顿市中心，而是与外界隔绝的偏远地区。

总之，过程的简化和对基本原则的关注有助于你成为互联网时代的引领者。想一下福特公司 CEO 艾伦·穆拉利（Alan Mulally）的故事，当他开始为公司工作时就进行了一系列的改变，创造出一种更有利于生产力、创造力和效率的环境。

艾伦·穆拉利和福特公司

艾伦·穆拉利刚担任福特公司 CEO 时，我有幸与他在亚利桑那州进行了一次交谈。在那次交谈中，我深深地被他的故事所震撼。他表示，2006 年当他从波音公司来到福特公司公司时，惊讶地看到当时福特公司企业文化中所存在的几大问题。

他首先注意到的是，当他进入高管们的停车场时，眼前竟然没有一辆福特车。停着的都是需要被清洗、打蜡和抛光的路虎、捷豹和阿斯顿·马丁（福特公司已经收购多年的品牌）。从那时候起，穆拉利就知道必须要作出改变了。如果高管们一直开着普通人买不起的高端奢侈品牌车，那么福特汽车的形象永远都无法转变。

此外，福特旗下的品牌也造成了市场的混乱。正如穆拉利所说："人们购买的并不是'品牌群'"。因此从那天起，公司团队开始将关注力放在提升福特的品牌上。穆拉利的计划之一就是将波音公司飞机的网络化驾驶舱概念引入到福特公司的汽车上，但他知道，之前必须先简化并完成一些基础工作。一部分简化工作包括摒除公司中普遍存在的同时处理多个任务的方式。他知道，如果他们一直忙于让路虎、沃尔沃和捷豹与福特品牌一起成长，那么就很难实现简化，更别提及时地引入新概念（如更先进的网络化驾驶舱）了。这种观念正是成为互联网时代引领者的一部分。你决定不该做的事和你决定可以做的事同等重要。

在这种情况下，穆拉利让高管和公司的所有人都将注意力集中于在全球范围内提升并扩大福特品牌的影响力上。这个计划被称为"一个福特"。穆拉利透彻地理解了互联网时代所有引领者都应该领悟的概念。比如说，以前会给世界不同地区的相同或相似的产品起不同的名字。然而世界正随着科学技术的突飞猛进而不断变小，一款商品很快就能在全球范围内看到。因此，品牌越壮大（苹果、微软或谷歌），得到的回报就越多。穆拉利还希望建立一个全球化平台，实现全球范围内的零件都可以兼容，从而使他们能够专注于更小、更省油的车型开发。

为了提醒公司每个人"一个福特"的概念，他制作了塑料卡片并把它们分发给所有的员工。卡片的一面写着"一个福特"，另一面写着"一个团队、一个计划、一个目标"。穆拉利总是随身多带一些卡片，以防有员工忘记携带。

值得注意的是，即使在互联网时代，用这些方式作为提醒仍然十分有效。我们将在后续章节中详细讨论这个概念。

刚到福特的时候，穆拉利还注意到一件事。站在公司总部顶楼的窗台前，总能看到建于 1917 年的福特胭脂河工厂。他告诉一个高管，下午他要去参观这个工厂。这个高管对穆拉利作出的反应是他好像听到了一个笑话："恕我直言，先生，那不是我们该去的地方。我们不该去那里。"

穆拉利问道："你什么意思？"

"那里让人不太舒服。"

穆拉利问道："怎么会这样？"

"我的意思是很多工人身上都有纹身。"

穆拉利告诉我这个故事时，他用他的中西部腔调说道："这个高管被福特公司解雇了。"这个高管做了错误的选择：他不愿意去一些条件艰苦的工厂，因为这会让他离开他的"安乐窝"。互联网时代引领者的成功与否取决于你决定不要做什么。这位高管做出了糟糕的决定。当你决定简化一件事情时，其最好的指导原则是：如果这会让你或别人离开"安乐窝"，通常都是一个好兆头，说明你已经开始像互联网时代的引领者那样思考了。

带着将公司简化为"一个福特"的使命，穆拉利的下一个重点就是改变公司的文化和思想。穆拉利通过制定一个简单但有效的目标来完成这一点——全力打造品质更高、更省油、更安全的汽车。他说："如果我们每个人都清楚我们的任务，我们就会更有动力、更兴奋、更受鼓舞。"

穆拉利还想改变福特在网络化连接和新技术使用方面的思考方式——从传统走向创新。传达这种理念的一种方式是在技术展示会（如在拉斯维加斯举办的消费电子展）上发言，而不是在各种车展上简单地进行主题演讲。他还决定简化福特的经销商展厅——像苹果商店那样装饰经销商展厅。虽然他自己不是狂热的 Twitter 用户，但他会和公司的社交媒体负责人斯科特·蒙蒂（Scott Monty）一起在社交媒体上进行消费者问答环节。通过这些简化步骤和技术的帮助，他成功地将福特文化变回了创始人亨利·福特初创公司时的企业文化。在此期间，福特公司的股票从 1.87 美元（2009 年 1 月）上升到 15.95 美元（2011 年 1 月）。

在网络事件上发表自己的观点是非常正确的决策，穆拉利也确实做到了。虽然在股票随时会被摘牌的时候，选择创新并不是一个好时机，但穆拉利还是推行网络化驾驶（MyTouch）理念——它采用了微软的 SYNC 技术。穆拉利意识到，即使是在财政困难时期也必须坚持创新。

值得注意的是，虽然艾伦·穆拉利表现出了互联网时代具有鲜明特色的领导思维，但是和其他互联网时代的引领者（比如 HDNet 董事长马克·库班和“美捷步”总裁谢家华）不同，他并不是天生的互联网引领者（比如，伴随着科技一起成长，生活离不开技术）。既然穆拉利可以蜕变成互联网时代的成功引领者，那么相信你也可以。

知识的诅咒

丹·希思（Dan Heath）和奇普·希思（Chip Heath）在《让创意更有黏性》（*Made to Stick*）一书中，将“知识的诅咒”这个概念带给大众。在对互联网专家盖伊·川崎（Guy Kawasaki）的访谈中，他们详细解释了这个理论：

经济学和心理学的大量研究表明，一旦我们有了新发现，就很难假装我们不知道。因此，我们成为了糟糕的传播者。想一下这种情况：一名律师无法对你提出的法律问题给出直接、容易理解的答案。他渊博的知识和经验让他无法理解你知道的怎么这么少。因此他只会以你无法理解的抽象方式来和你交谈。我们在自己的专业领域中，也和这名律师一样。

知识很伟大，但我们并不希望被它淹没。我们不仅需要简化我们的生活，还需要简化我们传达给世界的所有事情。由于每分钟会有 48 小时的视频上传到 YouTube 上，Twitter 文本的字符数不能超过 140 个字，因此你应该尽可能简化你的想法和信息。如果你幸运的话，听众会记住你说过或输入的事，因此要确保你提供的信息让人易于理解。我们现在来看一下美国当代的几任总统，看看坚持简化的信息多么具有挑战性。

比尔·克林顿和巴拉克·奥巴马在竞选总统时都表现出了极大的智慧和人格魅力。他们常常试图简短地回答问题，但这难以让他们在竞选纲领中解释清楚观点。他们看到了国家存在的所有问题，想着一次性就能全部解决它们。

比尔·克林顿

正如丹·希思（Dan Health）和奇普·希思（Chip Health）所指出的，克林顿的复杂问题尤为明显：

作为克林顿的军师，詹姆斯·卡维尔（James Carville）不得不疲于应付这些复杂的事情（克林顿试图要解决所有问题）……卡维尔在白板上写下了三句话，为的是让克林顿阵营的每个成员都看得见。这个即兴写成的清单上有这样一条“应该抓经济,蠢货”。这句话后来成为了克林顿竞选成功的核心所在……卡维尔解释道:“我想说的是，‘我们在这里不能自以为是，不要自认为很聪明。我们要做的是记住最基本的原则。’”他的智囊团不得不告诉他，“说话时必须要经过信息筛选。如果你同时说三件事，就等于什么都没说。”

拥有了数据挖掘和数据采集提供给我们的数据后，就能轻易地决定要和大家分享一切。然而作为互联网时代的引领者，你的一部分工作就是找出某件事情的核心。就像克林顿那样，如果你同时说三件事就等于什么都没说。不可能获取所有可用的信息。为了给自己提供最好的机会，以及为了不把你的追随者搞糊涂，你需要简化你的想法和与此有关的信息。

巴拉克·奥巴马

在 2008 年与希拉里·克林顿的一场硬战中，巴拉克·奥巴马总统也面临着同样的挑战。他当时正处于参议员第一任期，并准备赢得民主党总统候选人提名。他和顾问团都知道他需要一个简单的口号。奥巴马在竞选活动中敏锐地意识到美国陷入了历史性的金融危机中，美国民众渴望改变。他在竞选活动中准确有效地击败了希拉里·克林顿和约翰·麦凯恩。奥巴马阵营的口号是“你能相信的就是改变。”

年轻一代尤其想要改变，而奥巴马认识到这些人可能会成为他的支持者。当时奥巴马充分发挥了智能手机的作用，让他从希拉里·克林顿和约翰·麦凯恩的“围剿”中脱颖而出。这种差异对年轻选民极具象征意义，充分展现出了候选人的现代特质。

很多专家指出，虽然年轻选民的支持很重要，但是他们既没有钱，也不参加投票。他们认为奥巴马不可能筹集到与克林顿政治集团抗衡的资金，尤其是他过分依赖新新人类。如果奥巴马听取了这些负面的评论，那么他就不可能当选总统。他借助全新的互联网工具，成功地获得了这些年轻选民的支持。他让 20 多岁的克里斯·休斯（Chris Hughes）帮助他处理在社交媒体方面的竞选活动。

你可能没有听说过休斯——他是社交网络平台 Facebook 的联合创始人。

有了休斯这些人对社交媒体的正确应用，奥巴马在社交网站上成功地获得了500万支持者，有540万人点击了Facebook上的“我投票支持奥巴马”按钮。最重要的是，他筹集到了5亿美元。而令人惊讶的是，其中92%都是不到100美元的小额捐款。即使休斯知道Facebook和其他热门社交网站的内部运营方式，他也只是将注意力放在Facebook和YouTube提供的基本功能上。奥巴马团队还创建了一个简洁的过程，通过社交媒体进行在线众筹，这些小额捐助的筹集最终让他获得了比对手更多的竞选资金。

奥巴马在民主党初选中战胜了希拉里·克林顿，取得了不可思议的胜利。在与共和党候选人约翰·麦凯恩的大选对决中，他继续采用简单的“改变”策略，并成功地吸引了年轻一代。通过Facebook网络化的传播，很多18~29岁的年轻人（2.3亿人）参与了投票，他们中的大多数人都是奥巴马的支持者。

值得注意的是，即使我们生活在联系越来越紧密的世界中，仍然可以从过去学到经验。奥巴马从约翰·F·肯尼迪的竞选中获得了启发。当年肯尼迪使用电视这种新媒介，在民众投票中以49.7%vs49.6%的支持率打败了知名度较高的共和党候选人理查德·尼克松。如今的奥巴马则使用社交媒体，在民主党初选中击败了参议员希拉里·克林顿，然后在大选中击败了共和党参议员约翰·麦凯恩。肯尼迪和奥巴马创造性地使用新技术来帮助实现自己的目标（要特别注意书中的“互联网行为建议”）。

罗纳德·里根

罗纳德·里根的才智可能比不上克林顿和奥巴马，但是他却能够通过简单的语言来激励和鼓舞公众。能够直接发表讲话、清楚地表达自己的思想，简单的语言是里根成为美国历史上最受欢迎的总统的主要原因。

在1984年的总统竞选中，里根在旧金山广告人哈尔·赖利（Hal Riney）

的帮助下，发起了著名的“美国的又一个清晨”运动。它不仅帮助里根击败了沃尔特·蒙代尔（Walter Mondale)，还赢得了无数广告奖项。这段广告强调了里根第一个任期内取得的一些简单而伟大的成就。全文如下：

美国的又一个清晨来到了。今天有很多人要去上班，这个人数要比历史上任何时期都多。现在利率只有1980年最高点的一半。因此，今天有将近2 000个家庭要去购买新房，这个数字比过去四年都要高。今天下午有6 500对年轻人要去结婚，他们都满怀信心地期待着明天，因为现在的膨胀率只是4年前的一半。美国的又一个清晨来到了，在里根总统的领导下，我们的国家将更加辉煌、更加强大。我们为什么要回到四年前呢？

里根没有把注意力放在他的对手（沃尔特·蒙代尔）身上，而是放在他认为对美国有利的事情上。

在赢得了选举后，里根履行了自己当初竞选时的承诺，他将注意力放在对美国和世界有利的事情上。他实现了一生中最伟大的成就——帮助结束了冷战。冷战不只牵涉到苏联和美国，还牵涉到其他很多国家。虽然危险真实存在，但无形的战争是民众难以理解的。

为了让公众了解冷战，里根将人们的注意力引导到实际有形的东西上——柏林墙。长 100 英里、高 12 英尺的柏林墙修建于 1961 年，它把东、西柏林分割开来。高大的混凝土和钢筋墙被用来阻止德国人渴望统一的强烈愿望。虽然世界各地的民众感觉不到、触碰不到、闻不到冷战的气息，但可怕的柏林墙是真实存在的。里根明白推倒这一压迫的象征，可以获得全世界的支持。

1987 年 6 月 14 日，里根站在西柏林的勃兰登堡门前，面对着柏林墙发表了具有历史意义的讲话：“如果你寻求和平，如果你寻求苏联和东欧的繁荣，如果你寻求自由，那么请注意，来到这扇门前！戈尔巴乔夫先生，请打开这扇门！戈尔巴乔夫先生，请推倒这堵墙！”这给苏联前总书记戈尔·巴乔夫施加了巨大的压力。

里根天才般地使用柏林墙来象征东西方的冷战，是帮助结束20世纪最危险的一个时期的催化剂。里根神奇的简化和与公众的沟通能力为他赢得了“伟大的沟通者”这个称号。

很多取得巨大成功的引领者都将他们的成功归功于他人。罗纳德·里根也是如此，这可以从他在1989年1月11日的告别演讲中得到考证：

> 总之，那时我赢得了一个称号——“伟大的沟通者”。但是我从不认为，是我的风格或我使用的语言改变了世界——这是问题的关键。我不是一个伟大的沟通者，但我确实传播了伟大的思想，他们并非来自我的头脑，而是来自一个伟大国家的内心——来自我们的经历、我们的智慧以我们对两个世纪以来引导我们的那些原则的信仰。他们将它称之为里根革命。我接受这种说法，但是就我而言，这似乎是伟大的再发现：我们价值观念和一直公认常识的一次再发现。

里根俏皮、有原则和实质性内容的沟通方式，以及大胆而谦虚的风格，使他深受美国公众的喜爱。事实上，2009年《美国新闻》的一项调查显示，罗纳德·里根的声望要领先于其他备受推崇的美国总统：

1. 罗纳德·里根（24%）；
2. 亚伯拉罕·林肯（22%）；
3. 约翰·F·肯尼迪（22%）；
4. 富兰克林·罗斯福（18%）；
5. 乔治·华盛顿（9%）。

如何继承罗纳德·里根的衣钵

如何在打造互联网时代领导思维上继承罗纳德·里根的衣钵呢？我们每个人都可以成为简单化的主人。想一下你的柏林墙是什么。推倒什么才能实现简化？你关注的焦点是什么？找一个关注点/愿景，并大胆尝试一下：编写一个剧本；做一名和蔼慈祥的祖母；完成一次马拉松比赛；为儿童医院筹集资金；学习一种新语言；成为可口可乐公司的营销总监；成为妇联主席，或者以妈妈的名字开一家新的露宿者之家——凡事皆有可能（我们将在第 11 章 ~ 13 章详细讨论愿景）。

简约的天才——阿甘

福雷斯·甘是 1994 年出品的、由汤姆·汉克斯主演的同名电影《阿甘正传》的主角，大家都管他叫阿甘。他生来就有智力和生理缺陷。他弯曲的脊椎甚至让行走都成了问题。他的 IQ 只有 75。因此，他的母亲（由莎莉·菲尔德扮演）只好通过陪校长睡觉，才得以让他进入公立学校。

虽然有这些缺陷，但阿甘过着丰富、充满激情和具有目标感的生活。随着我们对阿甘性格的深入了解，我们会认识到他其实更接近于一个天才（而不是傻瓜）。阿甘最大的缺陷恰恰是他最大的优势。他是一个非常简单的人。这个特征是阿甘作为天才人物的精髓所在。阿甘告诉我们，所有人都能实现他的梦想，成功只是一个选择。

虽然阿甘并不是在互联网时代长大的，但我们会在书中反复提到他，因为他极好地体现了这五个原则（简化、忠诚、行动、路径、人才）。正如在前言所提到的，形成 STAMP 的这 5 大领导力法则最终会指向你的人生印记。用阿甘做榜样就可以轻松地记住这5个重要的法则。之所以用阿甘作为范例是因为我要求你（读者）模仿的是阿甘的特质，而不是凯撒大帝。

《阿甘正传》中一句最经典的台词是："我妈妈常说，人生就像一盒各式各样的巧克力。你永远不知道下一块是什么味道。"这句话类似于意地绪语谚语"Men tracht und Gott lacht"，大致可翻译为"人类一思考，上帝就发笑。"这些说法都表明生活中充满了不确定性。正因为这种不确定性，所以我们的成功大多依赖于了解这个事实——虽然我们无法控制生活中所出现的各种事件，但是我们可以控制自己所作出的反应。比如说，我们可以控制别人在网上写我们的事吗？我们可以影响它，但无法控制它。我们能控制的就是对它作出的反应。

阿甘身上体现的是我们所有人生来就拥有的积极反应能力，但几乎没有人知道如何开启它。当事情不按计划进行时，大多数人都很难适应。没有人喜欢改变，但我们生活的世界中唯一不变的就是改变。想一下，越来越多的人开始使用移动设备（而不是电脑）上网。这种灵活性加大了信息的流动，导致我们交流、学习和工作方式不断地改变。

虽然我们不喜欢改变，但它一直存在，我们都在不断地面对挫折。当银行的语音识别系统听不懂你的话，或者通话30分钟后突然被切断时，你是否会尖叫或者对着电话咒骂？我们从来没有见过阿甘抱怨他的困境，虽然他的困境要比糟糕的客户服务系统严重得多。阿甘并没有为此气馁，而是不断迎接一个又一个意想不到的状况，即使大多数情况在一开始时就对他非常不利。

具有讽刺意味的是，接近阿甘的人通常都会对他失望。他们认为阿甘没有意识到他的世界有多么残酷——他怎么能如此无知？如果他们处在这种状况下，一定会抱怨！他看不到这种悲惨的状况吗？他在这种绝望的境地中还不放弃吗？

这就引出了电影中另一句重要的台词："妈妈常说，做傻事的才是傻瓜。"如果说"做傻事的才是傻瓜"，那么阿甘绝不愚蠢。所有人都应该庆幸能有这样充实的人生。

让我们来看看在电影中阿甘取得了什么成绩：

* 亚拉巴马大学的全美橄榄球运动员；
* 战斗英雄——荣誉勋章获得者；
* 世纪乒乓球冠军——击败了中国队；
* 遵守对已故好友（布巴）的承诺；
* 在三年半的时间里跑遍了美国，在这个过程中一举成名，并拥有一大批追随者；
* 成功的商人和亿万富翁（布巴-甘捕虾公司）；
* 成功的投资人（购买苹果公司股票）；
* 好儿子、好丈夫和好父亲。

虽然被社会贴上"白痴"的标签，但阿甘非常成功。阿甘一天所面临的挑战，要比我们一生面临的挑战都多。

我们从《阿甘正传》中学到了什么呢？重要的是简化我们的人生目标。想一下电影中的场景：

教官：阿甘！你到部队来干什么？

阿甘：干你叫我干的事，教官！

教官：他妈的，阿甘！你他妈的真是个天才！这是我听过的最了不起的回答。你他妈的智商一定有160。你他妈的真有天赋，士兵阿甘。大家都听着……

阿甘：[讲述]不知什么原因，我很适合当兵，就像如鱼得水一样。其实一点都不觉得苦。你只需把你的床铺好，记得要站得笔直，不管回答什么问题，都说“是，教官。”

教官：……听清楚没有？

阿甘：是，教官！

阿甘在军队和人生中获得成功的秘诀就在于他每次只关注一个任务的能力。他简化了他人生的每一步。对阿甘有利的地方是他不会遭遇“知识的诅咒”。如果那样的话，他就不可能从纽约跑到旧金山，也不可能在连捕虾要做的第一件事是什么都不知道的情况下，花掉所有的钱购买一艘捕虾船。

> 大脑中喷涌的信息就像是对着茶杯的消防水管。
> 史考特·亚当斯
> 呆伯特企管漫画作者

本章前面提到过的作家蒂姆·费里斯也是这样。费里斯完全了解世界有多复杂。然而他也知道，世界的复杂程度与我们的所作所为相关。为了避免掉入这个陷阱，他采取了简化的方式——将注意力放在每天要完成的一两件事情上。成果是你做出的东西，或是给你的人生和社会带来价值的事情。回一百封邮件并不算成果——更像是“投入”。比如说，发表一篇博客就是成果；学会萨尔萨舞（Salsa）中的一个转圈或瑜伽中的一个倒立也是成果。每天只将注意力放在一两个成果上，费里斯成功地简化了他的生活，进而变得更高效、更幸福、更出名。

我们也想像阿甘和费里斯一样，让我们的生活进入简单化状态。我们只有把精力集中在明确的任务上，这样才能全力以赴。当今世界要求我们表现得像Mini-Cooper那样，而不是像水泥车一样。当前方畅通时，我们要具备迅速变速的能力。我们无法拖着大型拖车前进——这是不切实际的。我们应该简化一切，轻装上路。

第2章

抱怨 = 互联网的负面效应

如果你不喜欢某件事情，就去改变它。如果无法改变，就改变你的态度。千万不要抱怨。

玛雅·安吉罗（Maya Angelou）

受到非营利组织“不抱怨的世界”（www.acomplaintfreeworld.org）的启发，美国密苏里州共和党人萨姆·格雷夫斯（Sam Graves）提交了众议院404号议案。格雷夫斯提议将感恩节的前一天规定为全国“不抱怨的星期三”。为什么格雷夫斯要阻止人们抱怨呢？

抱怨是负能量，会阻碍人们获得成功。要想成功，就必须为我们的人生背包减负，要丢掉的第一件东西就是贴有“抱怨”标签的重箱子。想一下所有要塞进我们人生背包的东西是否都有用？如果能丢掉负面的抱怨箱子，那我们的人生背包将会变得很轻松。

抱怨主要是没有安全感或无力感所造成的，这种做法会慢慢成为习惯。现实生活中的抱怨会渗透到你的网络沟通中，进而对无数人产生影响。要成为这个不断变化的互联网世界中的引领者，就必须打破这个习惯。

减少抱怨的次数

具有讽刺意味的是，减少自己抱怨次数的第一步是观察我们周围的人。我们需要找到抱怨的影响者和推动者。不需要四处寻找——这些人就在我们身边。戈特曼研究所的一项调查表明，交谈中鼓励和批评的比例是 1∶6。因此对于“表现好的人”来说，会这样说：“你为什么不能像你哥哥一样出色？”、“他根本不听劝”、“你真是烦死我了”、“你从来不”、“他们不明白”或者“你不能”。

从下周起密切关注谁不停地在你身边唠叨。普通人每天会抱怨 15~30 次。注意那些每天会抱怨 20 多次的人。如果你能减少与最能抱怨的人的联系，就是向着正确的方向迈出了一大步——减少你抱怨的次数（第 14 章 ~16 章会详细讨论该话题，我会在这两章讨论怎样与成功人士为伍）。在网络生活中也可以采用该建议。查看邮件、聊天工具和社交媒体上的内容，很容易就能找到最爱抱怨的人。而且要记住，在日常生活中抱怨的人，在网上也会抱怨。

如果带来消极影响的人是你的直系亲属，事情就有点麻烦了。在这种情况下，首先要从自身做起，用积极的态度去影响他们的行为（这可能需要一点时间）。首先是减少每天抱怨的次数，最理想的情况是不抱怨，但这需要大量的练习和时间。关键是开始减少抱怨这个过程。

> 我因为没鞋穿而抱怨，直到我遇到了一个没有脚的人。
>
> 印度谚语

成为解决方法的一部分

实践经验告诉我们，要成为解决方法的一部分，而不是问题的一部分。尤其是当你发现自己或其他人正在抱怨时，就要停下来，因为你正在成为你所抱怨问题的一部分。提供一些解决方案，最好能找出解决方法。不管我们怎么想，大多数人都不希望听到抱怨。他们有自己的问题要解决，没那么多精力来听我们的抱怨。当你问某人的近况时，你真的是想听他说他有多讨厌他的老板吗？不，完全不是这样的。但这并不表示你是一个没有爱心的人，只是人之常情而已。

不要受别人的消极情绪影响，以免成为经常抱怨的人。如果你今天承担了某人的负担，并不是在帮助他。这类似于古语“授人以鱼，不如授人以渔。”要改善周围人的生活，最好的方法是保证你是快乐的——你积极乐观的情绪会影响其他人。保持乐观的态度，采取行动来改变消极的局面。提供可能的解决方法，而不只是抱怨。约翰·伍德尔（JohnWoodall）的父亲是一位牧师，他总是说：“不要等到别人的葬礼时才给他鼓励，在他活蹦乱跳的时候就要鼓励他。”

乐观的态度有益于身体健康，乐观者：

* 平均寿命要长9.5年；
* 犯心脏病的概率要小9%；
* 血压低5%。

面对挑战时，要记得这句西班牙谚语“es parte de paseo”，翻译过来就是：“它是旅程的一部分”。我们在互联网上留下自己的网络化足迹时，尤其要有这样的心态。我们要的并不是充满抱怨和负面评论的足迹。充满悲观情绪的网络化足迹，迟早会对你产生不良影响。更糟糕的是，抱怨有损于我们的领导能力。作为引领者必须知道，在现实生活和网络上发生的所有事情，都会被现在和将来的追随者知道。如果你养成抱怨的习惯，就会让你的追随者离开你，因为大家都希望追随能带来希望的人，或者让你的手下都成为喜欢抱怨的人。这两种场景对你都没有好处，这样的你将不再是能对网络产生影响的有效的引领者。

你和大多数人一样，正处于学习领导力技能和建立大批追随者的过程中。所有人都会抱怨或提出批评——提供解决方法的人从不同角度思考，最终会成为引领者。因此他们的网络化遗产最终会脱颖而出。让我们看几个例子，这些人辛酸地体会到在互联网上的抱怨所带来的负面结果。

从 Twitter 用户变成囚犯

英国初级税务会计师保罗·钱伯斯准备搭乘罗宾汉机场的飞机。然而等他赶到机场时，失望地发现机场已关闭，而且他准备搭乘的航班被取消了。作为一名狂热的 Twitter 用户，钱伯斯马上其 Twitter 上写道："罗宾汉机场已关闭。你们有一周多的时间把事情搞定，否则我就炸掉机场！"

尽管后来钱伯斯表示他只是在开玩笑，但罗宾汉机场的一位工作人员并不认为这是一句玩笑话。他立马向当局报告了钱伯斯发表的帖子。钱伯斯在办公室被逮捕，被判定有罪，并被判处 3 000 英镑的罚款，理由是其发表的内容涉及"恐吓行为"。钱伯斯还因此丢掉了工作。

很多博主为其辩护，认为这违反了言论自由。"异端的角落"（Heresy Corner）在一篇以《对钱伯斯的定罪，对英国人来说是违法的》为标题的文章中写道："被受审的是幽默本身，以及一个生而自由的英国人开玩笑的权利，他愿意的话，可以拿任何话题开玩笑。"

> 抱怨解决不了任何问题。
> 伯纳德·巴鲁克

虽然很多人支持钱伯斯，但这件事仍然在提醒我们，不要使用任何网络工具进行威胁和恐吓。即使是开玩笑的帖子，也有可能会带来严重的后果。虽然钱伯斯可能认为他挖苦式的抱怨很幽默，但他应该考虑阅读这篇帖子的人。在互联网世界中，一定要记住网上的帖子和对话会被很多人看到。所有引领者都应该记住——不管是个人的还是职业的在线形象，你说的每句话都会被所有人看到。

互联网行为建议

互联网世界会让信息有所“失真”

在网上发表评论前，考虑以下的“6要”和“6不要”。

6要：

1. 常识；
2. 激情；
3. 发帖子时，想象母亲要是看到了会怎么样；
4. 有些事情最好在现实生活中处理；
5. 言简意赅 & 积极正面；
6. 正确小心地使用。

6不要：

1. 讽刺挖苦；
2. 抱怨；
3. 开低俗的玩笑；
4. 带有种族偏见的评论；
5. 违法行为——即使只是开玩笑也不行；
6. 棘手的政治和宗教争论（避免）。

凯旋公关公司的副总裁

即使是互联网沟通领域的“专家”，也可能会在网络形象上“失足”。让我们来看一下詹姆斯·安德鲁斯（James Andrews）的例子。安德鲁斯是公共关系和传播公司——凯旋公司的副总裁。他们的一个主要客户是总部设在田纳西州孟菲斯的联邦快递，安德鲁斯从纽约总部坐飞机到孟菲斯参加联邦快递的会议，来帮助他们讨论网络沟通的正确使用和其他事项。待在孟菲斯的时候，安德鲁斯在Twitter上写道：“我现在待在一个让我无法忍受的地方，‘要我在这里生活，那我宁愿死！’”

联邦快递的一名员工看到了这条微博，他觉得受到了冒犯，就马上回复了安德鲁斯，并把他们的回复抄送给了联邦快递和凯旋公司的管理部门。安德鲁斯很快发现了联邦快递的员工对孟菲斯的热情支援。

安德鲁斯先生：

如果我没理解错的话，这是你到达重要客户的全球总部几个小时后发的推文，是你对历史上最重要的企业家、联邦快递创始人弗雷德·史密斯（Fred Smith）的家乡所做的评论。

我和我的很多同事都认为这是不恰当的。我们不知道联邦快递公司每年支付给贵公司多少报酬。但我们确信，它足以赢得贵公司副总裁级别员工的足够尊重。社交网络的弊端是人人都能看到你写下的内容。

不知道是什么促使你发表这样的评论，虽然我承认我们机场周围的区域有点难看，也有犯罪、卖淫、衰败的商业以及坑洼不平的路面。但包括联邦快递在内的政府、居民、教徒和企业正在努力建设这个地方。我们希望一段时间后，我们的城市可以呈现给游客更好的“面貌”。

安德鲁斯先生，所有参加了今天活动的员工（包括那些今天早上和你在礼堂会面的员工），刚刚收到了他们2009年的第一份工资，虽然降低了5%，但他们打心眼里支持公司，因为它是由史密斯先生建立的传统，用于保护我们的工作。

考虑到我们刚刚进入美国经济衰退的第二年，而且由于全球经济衰退，我们正在经历严重的商业亏损，因此我和我的很多同事都对支付活动视频制作费用持保留意见；这种工作本来应该由公司内部屡获殊荣的、具有数十年电视制作经验的专业人士来完成。

而且恕我直言，请安德鲁斯先生继续完成你的推文；真情告白：我和我的很多同事们都看不出今天早上的报告和我们的员工沟通工作有多大关系。

安德鲁斯的回复如下：

正如你们所看到的那样，最近有很多人在讨论我发表的内容。作为这件事情的积极参与者，我觉得有必要解决这个问题，并对社交媒体上的情况作出我的解释。两天前我在Twitter上发的帖子是因为与某个人争吵而产生的情绪反应。它针对的是这件事，而不是孟菲斯这座城市。大家都知道，在Twitter上发表的内容不允许超过140个字符，因此你们可能误解了我的意思。如果冒犯了孟菲斯的居民，在此我献上最诚挚的歉意。这并非我的本意。我知道大家都对自己的家乡有着无比优越的自豪感。

安德鲁斯的例子进一步说明了通过 Twitter 帖子或状态更新，在大众面前抱怨所产生的一系列问题。和保罗·钱伯斯的教训一样，在发表可能会对某些人造成负面影响（安德鲁斯的例子中，是联邦快递和孟菲斯的居民）的评论前，一定要考虑一下你会带来的全球影响力。

另一个问题是可能无法用短短几句话阐明你的观点。安德鲁斯本来应该更好地解释让他抱怨的情况，而不是写一些会得罪很多人，而且可能会给公司带来经济损失的话。

最后，随时可以访问社交媒体意味着我们会受感情控制来发表一些评论，而不是停下来考虑一下你的行为。如果安德鲁斯在遇到一个“偏执狂”时，能稍微平复一下心情，而不是马上在社交网站上抱怨的话，那么他不仅有足够的时间来考虑他的措辞，还可以考虑是否有抱怨或评论的必要，因为他的整个社交媒体圈都能看到这些内容。

鼓励的力量

要真正看清抱怨和批评产生的影响，有时候有必要看一下鼓励的力量。很多高管都会由于种种原因（其中包括鼓励不花钱）而忽略这个概念。

网络工具的出现会让我们更容易给予别人鼓励。不要再等了，今天就给你的朋友、家人、员工和同事献上网络虚拟化的鲜花吧。很多人觉得很难当面说出他们的喜欢，很难当面告诉别人他们对他有多重要，也很难当面告诉他们有多棒。何况对方也许不好意思当面接受表扬。人们反而更容易给予和接受这样的评论："你好棒！"、"简总是带给人积极的力量！"、"和乔聊天很棒！我总能学到新东西。"、"很棒的瑜伽课，谢谢杰西！"、"营销团队的新营销策略非常棒！"、"真羡慕杰克去过那么多地方！"、"很高兴能与这么优秀且充满激情的团队合作！"、"感谢我的美食家朋友扎克推荐了这么棒的餐厅！"

富有创意的鼓励

福来鸡餐厅的前营销主管杰夫·亨德森（Jeff Henderson）不断告诉别人鼓励的好处。他在福来鸡的那段时间里，发生了一个非常特别的故事：

> 有一天我走进董事长吉米·柯林斯（Jim Collins）的办公室，正好看到他正拿着一个比克打火机烧文件（顺便说一句，不管什么时候看到管理人员烧文件，都不是个好现象）。他在桌子旁边点燃文件，并把烧成灰烬的文件装到信封里。出于好奇，我问他在干什么。他抬起头笑着说："我在烧销售报告，并打算把它们发给销售人员，告诉他们，他们取得了很棒的销售成就，让他们继续努力。"
>
> 几个月之后我们召开了福来鸡的年会，年会的其中一项就是表彰公司的

优秀员工。令人惊讶的是，很多获奖的销售人员在他们的演讲中提到了这些信。大多数人这么说："很多时候当我看到要完成的销售目标时，都在想我们根本无法达到这个数字，它们太大了。我们正打算放弃时，便收到了里面放着灰烬的信，吉米·柯林斯说我们取得了很棒的销售成绩，并相信我们。从那时起我就全身心地投入了。如果吉米·柯林斯都相信我，那我有何理由不相信自己。今天我站在这个舞台上，并获得了一辆汽车的原因就是因为那封放着灰烬的信。"

虽然你可以借助多种高科技手段来对别人进行鼓励，但你也可以像吉米·柯林斯那样，在现实生活中使用"创造性的"方法来支持和鼓励你的团队。一些员工或其他管理人员认为，与用一条 Twitter 帖子和电子邮件相比，在互联网时代中使用这些传统的方式更有亲切感。

是否使用网络化方法并不重要，重要的是不要总是批评，而是要考虑如何才能进一步鼓励他们——强调他们的成功、奖励他们所取得的成就，或只需要认同他们的工作成绩。

1 000 个美妙时刻：自我鼓励的力量

在 2008 年遭受到一连串打击前，尼尔·帕斯理查（Neil Pasricha）一直过着平静美满的生活。先是他的妻子含泪告诉他，她已经不爱他了，想要和他离婚。不久后，帕斯理查的挚友患上了精神病，最后选择了自杀。

在这种情况下，帕斯理查完全可以开通一个带有消极色彩的博客，向世界来释放他的烦恼，但他却做了完全相反的事情。为了放松自己的身心，他开通了名为"1 000 个美妙时刻"的博客。他的想法很简单，"1 000 个美妙时刻就是1 000个美妙时刻的倒计时。从2008年6月开通后，周一到周五都会更新。"

帕斯理查承认刚开始只有他的母亲阅读。但是一周过去后，网站的流量猛增。虽然每天都会有 5 万多个博客开通，但是只有帕斯理查的博客脱颖而出。

下面的内容转述了帕斯理查 2010 年 10 月在 TED 大会（Technology, Entertainment, Design，即技术、娱乐和设计）上的演讲：

我看着自己的博客流量开始成倍增长，直到有一天我接到一个电话："您刚刚获得了最佳博客奖"。我回答说："这听起来太假了。"然而几个星期后，我与吉米·法伦（Jimmy Fallon）和玛莎·斯图尔特 (Martha Stewart) 一起走在红地毯上，接受了我的威比奖。

随后，帕斯理查接到了多个出版经纪人的电话，要帮助他把博客整理成书。他的书——《人生中最美妙的事都是免费的》（*Awesome*）出版了，并迅速受到大众的欢迎，连续 65 周成为世界畅销书。"美妙时刻"系列图书也获得了同样的成功。我从其博客里选取了以下几个帖子：

#992 在婚礼上，你坐的那桌可以先去选餐；

#851 可以换一台大一点的家用汽车；

#841 《危险边缘》益智问答节目的节目单正好在你的驾驶室里；

#796 从帐篷里可以听到雨声；

#697 筷子被完美地掰开了；

#572 学会了一个新的快捷键；

#464 电影里的主角正在光顾一个你知道的地方；

#388 陌生人觉得你和朋友讲的笑话很好笑；

#329 只有你能拧开瓶盖；

#313 教老年人玩电脑。

简而言之，上面的这些帖子让人们感到快乐，同时以意想不到的方式带给他们鼓励。写这本书时，已经有将近 3 000 万人访问了帕斯理查的博客。

> 你永远不会比现在的自己更年轻……用心体会那些细小而美妙无比的时刻……你的人生从此会美妙绝伦。
> 尼尔·帕斯理查

帕斯理查美妙生活的 3A 秘诀

态度（Attitude）。没有人能预测未来。在这些快乐的时刻，难免会穿插着一些令人不快的插曲。在绝境中有两种选择：（1）破罐子破摔，自怨自艾，永远消沉下去；（2）你可以伤心，然后重新振作，直面未来。

直觉（Awareness）。我喜欢观察三岁的小孩，因为他们眼中是一片崭新的世界。拥有直觉，就是拥抱你内心中三岁的自己。

本真（Authenticity）。如果不做真实的自己，就永远不会感到快乐。

帕斯理查没有消沉，而是通过“1 000 个美妙时刻”博客，通过网络化疗法来激励自己和他人，从而让自己生活得更快乐。

改掉抱怨的习惯：一周都不要抱怨

改变抱怨心态的一种方法是看看能否做到一周都不抱怨。要做到这一点，可以把心爱的人的照片设置成手机的背景图片。保存一张他们正在微笑（“不抱怨”）的照片和一张他们正在皱眉（“抱怨”）的照片。你抱怨时，就把“不抱怨”的照片换成“抱怨”的照片。让你心爱的人知道你在干什么，或者直接让他们配合你——为此目的拍照。让更多人知道你要完成的事，他们就越可能助你成功。甚至可以让他们参与进来，来一场友谊赛。目标是一整天都不更换手机背景图片，然后努力做到一周都不抱怨。

如果觉得上面的方法太专业，或者需要一种更有形的提醒（而不是手机）——可以通过在手腕上戴橡皮筋的方法。第一天先戴一根橡皮筋。如果你一整天都没有抱怨，就再戴一根。如果你手腕上已经戴了三个橡皮筋（也就是说，连续三天都没有抱怨），但是你第四天抱怨了，就需要重新开始——手腕上只戴一根橡皮筋。目标是有一天手腕上有 7 根橡皮筋，意味着你一周都没有抱怨。

可能有人会问你橡皮筋的事（建议你使用价格便宜且有多种颜色的橡皮筋），他们可能会帮助监督你（即正面的同伴压力）。你认为来自同伴的压力没有作用？有过这样的经历吗？当你在朋友们面前出现时，他们会说："你的穿着总是那么优雅——真令人印象深刻。"下次和这群朋友见面的时候，你不会特意打扮自己来保持这种声誉吗？来自互联网上的同伴压力也是如此：它让人们更容易和你取得联系（本章开头提到的"不抱怨的世界"组织，也提出了类似的建议和方法来避免抱怨，包括使用免费的紫手环作为提醒）。

以身作则

积极迎接不抱怨的挑战时，记住要以身作则。飞机因为大规模雷雨天气而延迟 6 小时时，不要成为机场中令人讨厌的人——走到同行的乘客面前说"延时时间也太长了吧"这样的风凉话。听别人说，但不要添油加醋。这种（沉默的）行为可以帮助平息人们的抱怨，让周围的人和同伴放松下来。有没有注意过？大人哭了，孩子肯定也会跟着哭。抱怨对成年人来说也是如此。

> 平静的海洋练不出熟练的水手。
>
> 英国谚语

担负起以身作则的责任。可以绝望地在机场等待 6 个小时，也可以：

* 完成快要读完或快要写完的书；
* 买一罐啤酒，和同伴一起玩游戏；
* 结交一个新朋友；
* 完成已经推迟的事项。

坦率地说，抱怨会减弱你的领导力。一个简单的事实是——少抱怨一点，就能从 95% 的人群中脱颖而出。要记住，普通人每天都会抱怨 15~30 次，要努力降低自己每天抱怨的次数。

第3章

信誉和诚信：避免网络化错误

行善则心情愉快，作恶就良心不安。这就是我的信仰。

亚伯拉罕·林肯

美国橄榄球超级碗大赛冠军教练托尼·邓吉（Tony Dungy）在《非同寻常》(*Uncommon*）一书中，完美地描述了信誉和诚信之间的不同：

诚信是你在无人监管情况下的行为；即使可能对你不利，也要做正确的事情。信誉就是守信用。信誉会在一片乌烟瘴气中，指引你走向正确的方向。有人认为信誉和诚信一样，但它们是不同的。信誉是公众对你诚信的看法。因为它是别人对你的看法，所以不一定准确。信誉由别人决定，但诚信是由自己决定的。

随着世界各地之间越来越紧密的联系，诚信和信誉之间的区别正变得越来越小。在如今的互联网时代，信誉和诚信将合二为一。为什么会出现这种情况呢？让我们快速看一下邓吉所说的"诚信是你在没人监管情况下的行为"这句话的含义。本书的一个重要前提是总有人在监管你，这就是这个完全透明世界的现实。看到比尔·克林顿、泰格·伍兹、安德鲁·韦纳和艾略特·斯皮策这些公众人物的丑闻时，我们应该开始学会三思而后行。具有高清摄像头、随时登录社交媒体的手机越来越多。

诚信和信誉界限的模糊是一件好事，这意味着你的信誉变得更加准确。将信誉看成你的网络痕迹（别人对你的看法）。影响这些痕迹最好的方式就是诚信，而诚信是通过网络化足迹而反映出来的。你的生活主张越简单，别人也越容易通过网络痕迹评论你的信誉。比如说，有人把他的孩子们在教堂义卖的照片发到了网上，而这些照片在一次3K党集会中偶然被地理定位工具所发现，这就会给别人造成了暧昧不明的态度。

> 诚信没有等级之分。你要么有诚信，要么没有。
> 托尼·邓吉

避免网络化错误最简单的方式是相信你的人生目标，并一直坚持下去。诚信和信誉的概念并不新鲜，只是因为被公开的信息越来越多，所以它们才变得更加重要而已。大部分人和企业的信誉变得更加准确。完全透明和诚信是管理你的网络信誉、网络化遗产和领导角色的起点。

隐私 101

你了解那些标有“用户协议”或“隐私政策”的文字吗？大多数人都会直接跳到最后勾选“我同意”选项。即使你确实花时间阅读了这些内容，也很难理解它们。Facebook的隐私政策一度比美国宪法还长，这就解释了为什么只有25%的用户修改了他们在Facebook上的隐私设置。

最好的方法并不是成为隐私政策专家，而是假设你在网上发布的所有内容，都会被你最不想让知道的那个人看到。更糟糕的是，他们在网上也能看到你在现实生活中的行为。

例如，2011年温哥华举办的斯坦利杯总决赛第7场的骚动者们就得到了教训。他们在网上发布的照片和视频帮助警察进行了“Facebook 法律制裁”，从而逮捕了数百名违法者。很多市民不仅受到了刑事处罚，还丢掉了他们的工作。和现实世界中只有几个目击者不同，网上有成千上万个“证人”，而且现在还可以把扫描的旧照片发到网上，让全球人民观看。在2008年的总统竞选中，巴拉克·奥巴马在幼儿园的随笔就被发到了网上。

一定要知道发到网上的内容是什么和阅读这些内容的对象是谁。我们再也无法回到网络化迅速发展之前的世界重新生活了，我们所能做的就是创建一个崭新的结局。你可能不太理解一些社交网站的政策，但要尽量了解每个工具的个人设置。很多工具都允许你决定这些内容的阅读对象。其中一个正面的示例是全球性公司可以用外语（如意大利语或中文）来发表留言——以便相关市场的消费者阅读（如意大利、中国）。反面的示例是你个人发表了一张讽刺卢浮宫蒙娜丽莎的图片——你肯定不会把它发给热爱艺术的朋友。但是，你热爱艺术的朋友最终肯定会看到。

在发布评论、对话和照片前，要好好想想这些内容会被多少人看到。这样，你就不会因为不相干或者令人不快的内容（某些情况下）与别人发生争吵。然而一定会有错误发生，这些错误最终会造成网上众人的围观。作为引领者，小小的战略错误可能就会轻易地影响企业的信誉，而我们的领导思维也会遭到质疑。

三思而后“发帖”

Facebook 创始人马克·扎克伯格在哈佛大学创建 Facebook 时的聊天记录，对他的信誉产生了损害。扎克伯格和三个声称他窃取了 Facebook 概念的哈佛学生发生了争执，而这场争执最终演变成为诉讼，在这场诉讼中，扎克伯格的个人电脑被搜查。因此他在哈佛时期的聊天记录遭到了曝光——这非常不利于他的形象。他在这段对话中对好友说的那些话，被认为是对这三名类似于Facebook社交网站的开发者的陷害。

好友：你确定要弄那个网站？

扎克伯格：没错，而且我要搞垮他们（Winklevoss）。

在泄露给“硅谷内幕”的另一段对话中，扎克伯格对他的好友说，他可以访问任何哈佛大学学生的个人信息。

扎克伯格：如果你需要哈佛大学生的信息，就尽管说。我有4 000多封电子邮件、照片、地址和SNS信息。

好友：什么？你是怎么做到的？

扎克伯格：他们刚提交的。我也不知道为什么，他们“相信我”。蠢货！

然而扎克伯格的网络足迹并非只有IM聊天记录。还有他喝醉酒写的关于前女友的文章，以及一些更糟糕的内容。这些在线内容被用作两次独立诉讼（关于窃取Facebook想法）中的证据。预计这两个诉讼要花费5 000多万美元。

《社交网络》（*Social Network*）这部电影中也有类似的内容（荧幕上前女友的话），虽然是虚构的，但这个想法源于我们在前面提到过的一些内容：

你一辈子都在想那些姑娘们不喜欢你，因为你是一个搞技术的怪胎。但是说真心话，我要告诉你，你想错了。他们不喜欢你，是因为你是一个混蛋。

值得称赞的是，扎克伯格爽快地承认了这些令人难堪的评论。但是想一下，面对IM聊天记录中那些“白纸黑字”的证据，他又有什么选择呢？扎克伯格不成熟的言论是一个错误，但他拥有能尽快坦诚自己缺点的诚信——接着他表达了对做出这些负面评论的歉意。如果比尔·克林顿能坦白承认莫妮卡·莱温斯基的问题，或许他现在的处境会好得多。美国人气的是他对他们撒谎——我没有和这个女人发生性关系，而不是这个行为本身。让引领者陷入困境的是他们对罪行的掩盖（比如说，理查德·尼克松、俄亥俄州立大学的教练吉姆·特雷塞尔以及众议员安德鲁·韦纳）。和扎克伯格一样，克林顿已经走出这次事件的影响，并以“克林顿全球倡议”回馈了社会。

人都会犯错，尤其是在需要不断学习新软件和技术的互联网时代。而我们需要知道的是，扎克伯格能以积极的方式改正他的行为。扎克伯格捐献了1亿美元来帮助重建新泽西州纽瓦克地区的公立学校。他加入了由比尔·盖茨和沃伦·巴菲特领导的亿万富翁承诺，承诺至少要将一半财产捐献给慈善机构。Facebook的流行最终促使扎克伯格成为了2010年《时代》杂志的“年度人物”。和扎克伯格一样，我们都会犯错，关键在于要从这些错误中学习经验教训，最终让我们“功大于过”。

Facebook创始人没有充分认识到互联网时代的帖子会永远存在这个事实，这足以让我们警醒了。如果连他都要与互联网领导思维作斗争，那么我们每个人都可能会踩上互联网的地雷。为了避免这些地雷，在使用IM聊天工具或点击发送按钮前，先问自己一个问题：在100年以后，我会不会为这些在公众面前所发表的言论而感到自豪。这样就能减慢你在网上发消息的速度，帮助你平复不良情绪。

> 三思而后“发帖”。
> @奎尔曼

因此，要成为互联网时代引领者，犯了错时就要在别人发现前承认错误。就像这些网络化错误告诉我们的，老话是很明智的：“三思而后行”。在网络化通信中，则是三思而后‘发帖’。

互联网行为建议

像在母亲眼皮底下那样生活

大卫·柯克帕特里克（David Krikpatrick）在《Facebook 效应》(*The Facebook Effect*) 中提到，只有 25% 的用户修改了他们在 Facebook 上的隐私设置。一定要知道你在网站和使用的数字应用程序上的隐私设置，并按照你的方便程度修改它们。

虽然这种做法很好，但仍然要记住：在新兴的移动互联网世界中，什么都无法隐藏。最好的办法是假设成千上万人会看到你发布的内容。甚至还要假设你在现实生活中的一切行为都会被人发布到网上，导致这些行为成为永久网络痕迹的一部分。万全之策就是像在母亲眼皮底下那样生活。

为什么要修改你的隐私设置呢？修改设置的主要原因是，防止这些消息流入居心不良的人手中。过去的 www.pleaserobme.com（该网站旨在提高人们的意识——在网上过度分享信息会出现问题）网站和未来会出现的类似网站可能会把我们的数据汇总，并公开发布这样的内容："鲍勃人在东京，但他的房子位于伦敦市唐宁街 2 号"。我们必须面对这样的事实——祖父母辈享有的隐私已经不复存在了。

红十字会：将负面影响转变为正面效应

在网上犯错和互联网形象的损坏都不是问题。问题是我们犯错的时机和处理错误的方式。红十字会就面临着这种情况——某个员工用红十字会 Twitter 官方账号发表了一个帖子，她把这个账号当成了自己的私人账号。接下来就发生了以下情况。

这名员工用红十字会 Twitter 账号发了一个帖子："瑞安发现了两包四瓶装的角鲨头'点石成金'啤酒……我们痛快畅饮 #gettingslzzerd"（#gettngslizzerd" 指的是喝醉了）。

红十字会很快发现了该情况并删除了这条微博，并很明智地发了一条颇具小幽默的微博："我们删除了那条 Twitter 帖子。但是请放心，红十字会很清醒，我们已经把钥匙没收了。"

这一事件受到了媒体的广泛关注，而且"#gettngslizzerd"成为了 Twitter 上一周的热门话题。红十字会决定利用媒体关注来发起一个捐款活动。角鲨头啤酒（原 Twitter 文中提到的啤酒）通过他们的媒体发布了这样的消息，发动粉丝给红十字会献血、捐钱：

> 请加入角鲨头啤酒厂为美国红十字会捐款的行列。如果你愿意捐献500cc，请点击这里了解红十字会的献血活动。注意：酒精会加重脱水。角鲨头不建议你在捐献前后立即饮酒。

红十字会还感谢支持者们能够理解，它是一个由人组成的人道主义组织，在过去的 130 年间不可避免地犯了一些错误。他们还向支持者和捐献者保证——即使将来仍会犯错，但一定会处处为他们的利益着想。

前几年的红十字会一定不会作出这样的反应。但他们 2006 年聘请了温迪·哈曼来提供社交媒体方面的知识。哈曼回忆说："聘请我的一部分原因是引领者们知道，人们不满意红十字会对卡特里娜飓风的反应。他们需要有人来解决这个问题。"一段时间后，哈曼成功地灌输了最佳做法，举行了社交媒体培训，并发放了针对红十字会的材料。这种文化转变和培训并不是一朝一夕能够完成的，通常会遇到各种阻力。但上面的例子证明，这一切都是值得的。

从红十字会学到的 5 件事

红十字会成功地将网络错误转变成正面的事件。虽然并不一定总是奏效，但仍然可以从他们的行为中学到一些东西：

1. 在企业内部灌输正确的方针、政策，最终会在企业出现危机时提供极大的帮助；

2. 创建并不断投资你自己的网站，危机出现时，你的网站就能给你提供支持；

3. 迅速并公开承认自己在互联网上的网络化错误；

4. 将负面影响转变为正面效应（如，红十字会增加了捐献）；

5. 幽默和谦和大有帮助。

> 人生如果没有意外，就永远不会有机会、自发性和丰富多彩的时刻，而这恰好是人生的全部。
>
> 史蒂夫·柯维
> 《高效能人士的七个习惯》

红十字会团队展现出了成功利用危机后的社会关注来解决问题的领导力。在很多引领者或工作人员被这种错误吓傻了的情况下，红十字会能够迅速、公开并幽默地回应，最终将负面影响转变成了正面效应。红十字会成功利用在线网络和角鲨头啤酒公司，最终获得了更多人的帮助和捐助。

13 个尴尬的互联网错误

和红十字会的案例不同，下面的互联网错误来自不同类型的人和公司，并给他们带来了永远的污点。我把他们介绍给你，希望你可以从这些错误中得到教训，更好地改变我们的网络形象。还需要记住，在高科技世界中所做的任何事情都会影响你的网络化遗产，以前被认为隐私的东西（短信、聊天记录、现实生活中的交流和行为）也会被大家看到。

1. 国会议员韦纳“名副其实”。纽约州国会议员安德鲁·韦纳（在被人们发现其用短信和 Twitter 给几个女人发自己的不雅照后，只好引咎辞职了。已婚的韦纳坚决否认他有任何不当行为，坚称他的账号被盗。直到他的“自拍照”曝光后，韦纳才承认了他的罪行。

2. Fitbit 将性隐私数据泄露到谷歌上。Fitbit 是用于记录运动量的小芯片，并能将信息保存到网上的个人档案中。其中的一项运动就是做爱。把个人档案的默认隐私设置为公开时，就会出现问题。在谷歌的搜索框中输入某人的名字时，就会通过 Fitbit 显示他们的性爱历史。更糟糕的是，“高效运动”通常都与该行为相关。

3. 泰格·伍兹。和多名妇女的大量短信和性关系导致伍兹离婚，损失了近百万美元的代言，并影响了他在球场上的表现——使他第一次失去了蝉联 5 年的职业高尔夫协会（PGA）排名第一的机会。

4. 克莱斯勒公司激怒了底特律的司机。和红十字会案例类似，克莱斯勒公司的社交媒体机构在 Twitter 上发帖：“被称为 #motorcity（汽车之城）的底特律，竟然没人知道如何驾驶 f$%@ng。”犯了这个错误的员工（他认为是用自己的账号发表的这条留言）当天就被开除了。克莱斯勒还解除了与该代理机构的合作。

5. 特情局的烦恼。特情局的一名成员以为用自己的 Twitter 账户发表了一条消息不会影响什么，但他对“福克斯新闻网”的反对实际上代表了整个特情局的观点——必须监视福克斯的每一个报道，无法容忍他们胡说八道。

6. 学校老师被开除。一名马萨诸塞州的高中老师因在 Facebook 发表的一条“我一刻也不想在科哈塞特学校待下去了”的消息而被开除了。她还说社区的人势利又傲慢。她说：“我做了一个愚蠢的决定，这可能会毁掉我的职业生涯。”

7. 谷歌给微软设置了一个圈套。谷歌怀疑微软的搜索引擎必应偷窃并抄袭了谷歌的搜索结果。谷歌编造了一些假数据，并把它放到了谷歌的搜索结果中。果然，很快必应搜索引擎就显示了这些假数据。

8. Craigslist 网站上的国会议员。已婚的共和党人克里斯多夫·李（Christopher Lee）将他的半裸照发给他在 craigslist.org“女找男”论坛上认识的女人。“我是一个非常有趣、优雅的人。住在帽山地区，身高为 182cm，体重为 86KG，是一名说客。我保证不会让你失望。”失望的是他的妻子和儿子。李甚至谎报了他的年龄（他 46 岁了，而不是 39 岁）。李随后就辞职了。

9. NFL 啦啦队长。一名 18 岁的 NFL 啦啦队长被踢出了啦啦队（新英格兰爱国者队），因为她在 Facebook 上贴出了一些照片。在这些照片中，她在自己一位熟睡的朋友身上画了很多不雅的图案。

10. 今后都休假了。盎格鲁 - 爱尔兰银行的一位美国职员要求周五请一天假，来处理家庭事务。然后有人在 Facebook 上贴出了当天晚上他手拿魔杖、身上穿着蓬蓬裙参加聚会的照片。银行的每个人都发现了这个谎言。

11. 让儿子感到难堪。安迪·穆雷母亲在 Twitter 上的帖子让世界排名第一的英国网球名将安迪·穆雷感到尴尬。开始只是母亲过于大声的欢呼让他感到难堪。但当朱迪·穆雷在 Twitter 上赞美穆雷的对手—西班牙的菲·洛佩兹：“Deliciano，一如既往地棒！”这让安迪更加尴尬。

12. 在入职前就被解雇。一名年轻女子很高兴获得了思科的工作机会。但她不确定是否接受这份工作，就在 Twitter 上写道：“思科刚刚给我提供了一份工作！现在我必须在丰厚的报酬和每天到圣何塞从事不喜欢的工作之间做出权衡。”思科公司马上在 Twitter 上作出回应：“招聘负责人是谁？我敢打包票他们一定很想知道你不喜欢这份工作。思科的工作人员都精通网络。”

13. 自作自受的戈特弗里德。日本在 2011 年的海啸中丧生了上万人，但喜剧演员吉尔伯特·戈特弗里德（Gilbert Gottfried）却在 Twitter 上写一些关于日本的笑话。这让他失去了为 Aflac 鸭配音的机会。

这些例子显示了互联网形象是如何影响你的个人和职业生活的，以及它们之间的界限在互联网时代是如何变得越来越模糊了。你在网上的行为会对现实生活产生影响，如果你珍视你的引领角色，那么在所有网络化交流和现实行为中一定要谨记这一点。

互联网行为建议

互联网背景调查

很多公司都会让专家在招聘过程中进行互联网背景调查。他们从大型社交网络、博客评论、比较小的社交网站、用户群、电子商务网站、公告栏，甚至Craigslist上收集这些信息。

Social Intelligence公司的CEO马克斯·德鲁克（Max Drucker）就是这类专家，他说："我们不是侦探，我们只是收集和整理在互联网上公开的所有信息。"

德鲁克先生说，他们曾经发现一个准雇员使用Craigslist网站求购奥施康定（OxyContin）。其他背景报告显示，他发表过反犹太人评论和种族主义言论。而一个求职者属于"这是美国。我不需要'英语请按1'"Facebook群组。

照片和视频会给多数人带来麻烦。德鲁克先生说："色情照片和视频让人无法理解，我们还看到了公然展示武器的人。我们看到了很多违法行动。很多很多吸毒的照片。"

休斯敦"平等就业机会委员会"办公室的外联部经理乔·本特克(Joe Bontke)表示，75%的公司要求招聘人员做网上调查。在美国，70%的招聘人员表示他们最终拒绝候选人的原因就是他们在网上的信息。

政府也会调查你的互联网上行为。比如说，如果你在瑞典申请失业救济，政府就会想方设法调查你的网络化足迹，看你是否有欺诈行为。

网络与现实的边界

如果没有天堂或地狱（相当于各种宗教），我们都在一个地方会怎么样呢？想象一下，云层里有无数摄像头。为了好玩，我们把它称为海伦——上面有闪闪发亮的霓虹灯标志。

人们观察的是他们在三维空间中的生活（朋友、敌人、同事、熟人、陌生人等）。我们是在天堂还是地狱，取决于我们如何生活。例如，你很喜欢在别人背后说三道四，想象一下当你说一些刻薄话或取笑别人时，这个人就坐在你旁边；或者想象一下你欺骗妻子或男朋友；或者为了升职，采取了不正当的竞争手段。我们生活中“侥幸成功”的事情不会被海伦接受。对所有人来说都是可怕的想法。因为人无完人，所以偶尔的错误都是可以被容忍的。然而邪恶的生活方式却让人无法接受。

互联网的迅速发展让我们的生活变得越来越透明。互联网革命以前所未有的方式把我们的诚信和信誉连接起来。我们的网络生活和现实生活已经变得密不可分。在网上发表的东西一定会被其他人看到。如果你在现实生活中有某种不当行为，就别指望别人不会发现。会有人将你的行为发到网上，创建你的网络痕迹（这就是我们现在能在大学里看到“畅饮小黑屋”的原因。畅饮小黑屋中不允许开灯，也不允许携带相机，这样学生就可以自在地喝酒，而不用担心有人会把他们酗酒的照片 / 视频发到网上）。

在这个全新的互联网时代，处理声誉的方法就是保持诚信的品质，平等对待网络生活和现实生活中的所有人。人们反过来也会影响你的领导思维和遗产。

在互联网时代，也要寻找让你感到快乐的小事。比如说如果不急着赶下一趟航班，就不需要在飞机着陆后立马冲下去。寻找让别人快乐的机会。帮助老太太从行李架取行李，或者给急着赶飞机的人让路。

这些都是小事，但它们可以带给别人快乐——也会让自己快乐！生活中最好的礼物是帮助别人，所以尽量找机会来帮助别人吧！这些人创建你的网络痕迹时，你的善行就会显现出来。因为不再存在现实身份和网络身份的区别，所以要强调生活中积极的改变——真正的改变是从心开始的。

我们总是伤害最爱的人。如果知道这可能是和母亲/妹妹/挚友的最后一次交谈，肯定会更仔细地斟酌我们要说的话。正如戴尔·卡耐基《人性的弱点》中所说："即使是最小的进步，也要给予称赞；称赞每一个进步。由衷地赞美，慷慨地表扬。"在网络化交流中尤其如此，因为网上的文字很容易让人误解。听从卡耐基的建议——不要过于批评，而应该慷慨地表扬。

人生最大的礼物是自己给予的。

@奎尔曼

第4章

简约 = 成功

无论是个性、方式和风格，还是其他所有事物，最高境界都是简单。

亨利·朗费罗

在当今社会中保持简单化很不容易。但“难以实现简单化”这个事实本身就是一件好事。它给你（本书的读者）提供了脱颖而出的机会。如果很容易就实现简单化，那所有人和公司都能做到。但无论是你、公司、慈善机构，还是其他机构，都不要掉入这个陷阱中——相信通过网络化、社交或移动方式，成功就唾手可得。这个信念本身就是错误的。我们一定要明白两个道理：

1. 技术在不断改变；

2. 能适应这些变化的人才会成功。

让人惊讶的是如今还能听到这样的评论：“我们是独一无二的，我们的公司不需要向互联网转型”。20 世纪 90 年代末，我在美国电话电报公司（AT & T）任职时也听到过这种话。具体来说，有人建议我们接受在线电话服务订单，而公司给出的回应是：“我们无法接受在线电话服务订单，因为人们会在电话簿上看到下流的名字”。很难相信，这就是当时的思维方式（极具讽刺的是如今几乎没有人使用纸质电话簿了）。

你是否听过投资者或风险资本家这样说道：“这个产品的理念和想法很复

杂，很难将这么复杂的产品向互联网转化。我会很乐意投资它，因为更复杂的产品才会更好。”你永远都听不到这样的话，因为精明的投资者知道简单制胜的道理。想一下 Finovate 技术大会。大会的组织者严禁演示者使用 PowerPoint 和 Keynote 幻灯片。他们的想法是如果不使用幻灯片就无法说明你的商业模式，那就不会有投资者感兴趣。

Finovate 的 CEO 埃里克·马特森（EricMattson）说：“我们要听的并不是最大卖点或公司介绍，而是你做出了什么。给我们展示产品时，听到：‘我在 7 分钟内就能理解它，我要它。’那么消费者也会为它买单。”个人品牌和人际关系也是如此。你曾听过有人这样说：“我喜欢和她待在一起，因为她总能把事情弄得如此复杂？”

一些企业以提供复杂的服务或产品为荣，但简单化才是制胜的关键。让我们看一下苹果公司是怎么做的。苹果公司的成功在于他们简化了提供给用户的技术。在 iPod 出现前就有很多不同的 MP3 播放器，但 iPod 和 iTunes 软件给大众市场带来了简化。消费者为苹果买单的原因在于，他们甘愿为方便、对用户友好的设备和软件多付钱。

网络生活和现实生活的简单化

创新势在必行，因为无论是公司还是消费者，都在通过技术寻求简单化。优秀的引领者和公司知道他们深深热爱的是什么，他们的优势在哪里。在全新的互联网时代，我们会看到如何通过技术追寻这些热情来取得成功，从而为消费者创造更好的体验，给生产商带来更高的利润。

“美捷步”简化了网上购物流程

在推出最大的卖鞋网站“美捷步”前，谢家华（Tony Hsieh）聘请的所有顾问都认为在网上卖鞋不可行。他们进行的研究表明，人们买鞋前都想要试一下。网上购买的鞋不合脚怎么办？拿到手的鞋和在网上订购时看到的不一样怎么办？消费者也厌烦了好不容易在网上选好鞋后，才发现运费贵得离谱。退货流程也相当繁琐。在网上订购衣服和鞋子简直就是消费者的噩梦。

幸运的是，谢家华和“美捷步”的创始人并没有理会顾问的意见，而是考虑如何给消费者提供更好的购鞋体验。他们通过免费的送货和退货服务，简化了整个流程。消费者可以使用买鞋时提供的鞋盒来退货，使消费者可以更轻松地在网上买鞋，打消消费者的顾虑。

“美捷步”还投资了网络化工具，让员工可以将更多的时间花在如何给客户带来“惊喜”上（比如说，手写的感谢信、记住客户的生日、和想要聊天的客户煲电话粥）。他们把公司定位成是一家服务公司，而不是一家卖鞋公司。找准公司的定位后，剩下的事情就水到渠成了。谢家华带给“美捷步”的革命性元素是把客户服务成本当作营销成本，因为他将此看成是口碑投资。客服人员有解决 100 美元以下客户问题的权利。这种安排给“美捷步”和顾客都带来了简化。

“美捷步”销售了几百万双鞋子，现在已经开始销售不同的产品。其他公司正尝试效仿“美捷步”的商业模式和文化，亚马逊花了 12 亿美元来收购“美捷步”。

颇特女士网站体验

和“美捷步”类似，人们也不相信可以在网上销售奢侈品。2000 年的互联网泡沫后不久，时尚记者娜塔莉·马斯内（Natalie Massenet）决定创办一家新公司——颇特女士（Net-a-Porter）。她的目标很简单——让大家可以轻松地在网上购买奢侈品。她想如果人们愿意在网上购买言情小说，为什么不能在网上购买价值 1 300 英镑的克洛伊（Chloe）包包呢？大部分人都觉得她疯了。比如说，网上时尚购物商城 Boo.com 在 2000 年 3 月份宣布破产前，在 18 个月内花了 1.35 亿美元。但在经过在网上购买一条名牌牛仔裤的复杂体验后，马斯内毫不犹豫地创办她的公司——简化这个过程。

"我认为对于奢侈品来说，最好的客户服务就是送货上门。我从来不认为这行不通。我认为这很伟大。"马斯内这样说道。的确，在 10 年之后的今天，颇特女士取得了巨大的成功，马斯内持有的股份达到 5 000 万英镑。对于那些认为她无法简化奢侈品购买体验的人，她这样说："我敢肯定，他们的妻子每天都会收到颇特女士送到家门口的包包。"

苹果公司的简单化

图 4—1 是 2004 年左右的苹果公司首页。要注意的是，页面上方给不同领域的消费者提供了 17 个不同的选项卡（包括教育工作者、专家、开发人员和商务人士）。这种设置确实包括了所有人，但问题在于，17 个选项卡就相当于有 17 个重点。如果苹果公司认为这 17 种产品都值得放在首页上，这就意味着他们该简化他们的注意力了。在竞争如此激烈的市场上，将注意力分散到 17 个不同的元素（其中还有一个微软称霸的项目），并不是取得成功的长久之道。

2010 年，苹果公司将其改为 8 个选项卡。首页的简单化反映了苹果公司简化整个业务的战略——从易于阅读的说明书到简洁开放的商店。苹果公司当时的口号是"非同凡响"，通过简化首页的选项卡，他们实现了这一信条，如图 4—2 所示。

图 4—1

图 4—2

2011 年，苹果公司进一步减少了这些选项卡（减少到 7 个）。苹果公司所做的简化越多，业务表现得越好。下面的图 4—3 表显示了在 2008 年 ~2011 年世界经济衰退期间（最糟糕的一个时期），苹果公司股票（APPL）的强势上涨。

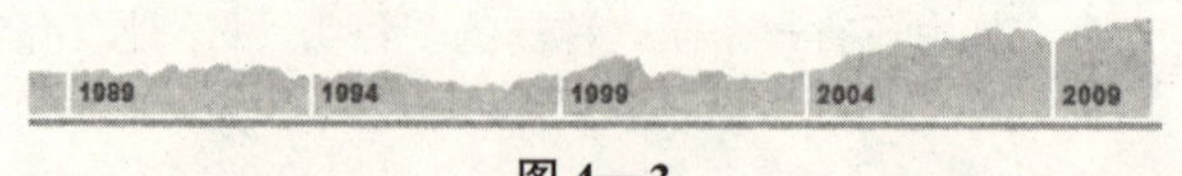

图 4—3

自己公司网站的选项卡有可以删减的吗？你个人博客上的呢？你是否想要吸引所有人，结果却没有吸引到任何人？更重要的是，是否给自己的人生规划了太多目标？你是否想要取悦所有人，结果却没有取悦任何人（包括你自己）？

如果我们也像苹果公司那样，能删减自己人生的选项，那成功也会随之而来。比如说你想多和同事/朋友见面、回复你在24小时内收到的所有邮件、每天花一个小时阅读行业资讯，但你无需把所有的精力都放在正确完成这些事情上。你很可能把这三件事都搞得一团糟，让你的生活变得更复杂。

比较好的方法是按照优先级别简化它们。在上面的例子中，可以选择先和同事/朋友见面，在此过程中询问他们的感受——这就相当于阅读行业资讯（提问和聆听也会让你受人喜欢）。这种方法可以将你阅读行业资讯的时间缩短到25分钟。每隔30分钟处理一次邮件，尽可能多回复一些。因为你不可能把全部时间都用来回邮件，所以应该优先回复最重要的邮件。

> 如果打球很容易，那现在篮球队里都有20多名队员了。我们知道这并不容易。你需要把所有的精力都投入练习中，才能成为优秀的运动员。
>
> 汤姆·伊索（Tom Izzo）
> 密歇根州立大学篮球教练

In-N-Out汉堡简化了快餐业

要记住，即使没有新技术的帮助，简单化观念也可以让你获得成功。创建了In-N-Out汉堡（1948）的夫妇使用简化模型，成功地让他们的收入飙升。In-N-Out汉堡和其他快餐店的区别在于，他们使用的是新鲜的肉，而不是把冷冻的汉堡加热。公司要求，所有分店距离区域配货中心的距离都不超过一天车程（总部设在美国西部）。他们简化了供应链和顾客购买流程，菜单上只有汉堡包、芝士堡、“二乘二堡”（两片肉/两片芝士）、炸薯条、冷饮和奶昔。

Special K：简化后的麦片

家乐氏和其广告代理商李奥贝纳公司做了一个艰难的决定：将Special K品牌重新定位为“减肥麦片”。他们的目标是让该品牌专门针对女性市场。放弃50%的市场（男性）是很勇敢的。但自从给品牌找准定位后，所有的事情都变得更简单了。

包装盒上红色的“K”被重新设计为女性的腿的形状，让它更加具有女性特征。Special K 的销售组合也进行了相应的调整。这些改变还包括家乐氏对慈善机构的选择，比如说，苏珊·科曼乳腺癌防治基金会（粉红丝带）。

家乐氏还推出了 Special K 窈窕计划。该计划建议你用两碗 Special K 来代替早午餐，只需要两周就能让你变瘦。包装盒上是一条写着“两周吃出窈窕身段”的黄色丝带。这可以在消费者的脑海中建立起一个形象化的愿景。有谁不想在两周后穿小一号的牛仔裤呢？

推出 Special K 窈窕计划的 5 年后，Special K 成长为公司的第一品牌——在公司成为一个传奇，它每年的营销支出超过了十亿美元。2009 年，品牌专家朗涛策略设计顾问有限公司将 Special K 列为 2005 年~2008 年的“十大抢跑品牌”。虽然最初做出改变品牌方向的决定很不容易，但是当公司将 Special K 重新定位为减肥麦片后，家乐氏取得了巨大的成功。

虽然我们不是麦片包装盒，但我们可以控制我们的个人品牌和独一无二的生活经历。和 Special K 一样，我们需要做出艰难的抉择：简化我们的生活，从而变得更加强大。

简化我们的私生活

我已经介绍了几个企业从简化中受益的例子，对个人来说，简化我们的生活也同样重要，这是成为互联网引领者所需要的品质。很多人认为要成为引领者就需要做更多事，但事实恰恰相反。我们需要将精力放在最重要的事情上——最终让我们取得成功、获得幸福的事情。

这不是容易的事情，因为这么多的短信、Twitter 帖子、电话、电子邮件和聊天记录，让我们应接不暇。然而并不是只有你才有这种重担。在这个复杂的互联网时代中，每个人都有太多的事情要处理。平均每人每天要收到 41.5 条短信，每天要发送 / 接收 141 封电子邮件。

然而复杂性大多是我们自己造成的！但这种情况也有有利的一面，因为这意味着我们很容易就能摒弃这些复杂性。只要你能够简单化，就能从芸芸众生中脱颖而出，影响别人，并减轻压力。所有高效人士（不管是学校老师还是 CEO）都需要领会本章所介绍的领导思维习惯。

不要忘记，互联网领导思维是从领导你自己的生活开始的。只有你自己满意了，才能影响别人和你的追随者。

要学会说“不”

一定要养成说“不，谢谢”的习惯。决定不做的事情和决定要做的事情，对我们能否取得成功同等重要。要学会说不。如果不能激起你“我必须这样做”的反应，这就不是一次机会。

然而能够立刻得到“肯定答复”的问题，对每个人来说都是不同的。如果是你无论如何都无法放弃的机会，总能找到实现它的方法。这些问题类似于：“想去看一场免费的超级碗大赛吗”、“想和参议员会面吗”、“想追求奥普拉吗”、“想到后台近距离接触 U2 吗”、“周末想开我的法拉利去兜风吗”。

如果无法让你立刻做出肯定答复，就要养成说“不”的习惯。在很多情况下，当你确定有时间做最初拒绝的事情时，还是可以走回头路的。说“不”的习惯还能让你避免过度紧凑的安排。拒绝别人很难，但坚持下去，你就会发现那些你拒绝的事正是你不想做的事。你有多少次参加

> 决定不做的事情和决定要做的事情，对我们能否取得成功同等重要。
>
> @奎尔曼

了并不想去的鸡尾酒会或野餐？在这种情况下，没有人是赢家。

最糟糕的答复是“我查一下行程表，稍后给你答复。”现在双方都处于不确定的情况，要拿定主意。看一下在下面的示例中，如何恰当地给出拒绝。

示例问题一：这周末要和我一起去为癌症患者献爱心吗？

答复：我很想去，但这次恐怕不行。我答应过我自己，这个月要把所有的公益时间都花在“施舍处”。这样做，对该机构和我来说才公平。但你这么做非常棒，如果需要捐款的话，请告诉我。

简单化答复：我已经承诺另一个慈善机构了，所以必须要说“不”了。但很愿意捐款！

示例问题二：周五要聚餐吗？

答复：听起来很棒，但这次恐怕得拒绝你了。我正在准备马拉松比赛，周五我要跑八公里，而且不能喝酒。希望这个邀请在我完成马拉松比赛后依然有效。

回答“好”也一样，要养成果断的习惯。

示例问题三：你想要两张铁人队周五比赛的票吗？

答复：好啊，我超级喜欢他们！但能否等到下午5：00后再给我？我要核实一下保姆有没有空。

有人可能会辩驳，经常拒绝别人会让他们失望。为别人牺牲时间确实是好事，但帮助他们最好的方法是长时间陪他们。对你生命中最重要的人来说尤为如此。

互联网行为建议

后进先出法[LIFO]

生活本来就是不公平的，因此你也不能以公平的方式回复别人。下面是几个可以帮助你的建议。

1. 优先处理来自个人“A-列表”（如老板、BBC记者、母亲）中的信息。Gmail的优先收件箱或Twitter列表这些免费工具可以给你提供很大的帮助。
2. 使用LIFO会计原则对待收件箱——优先回复最近收到的邮件。比如说，如果发件人马上就能收到你的回复，他们就会感到很惊喜——对方收到10小时前所发邮件的回复时，不会有任何惊喜感。回复最近收到的邮件也会让你有很棒的感觉。大部分人回邮件的方式都不正确——会计法则FIFO（先回复最早收到的邮件）。使用FIFO永远无法让人“惊喜”。而且Twitter这类工具中几分钟的延迟，就相当于用其他沟通方式几天的延迟：人们希望早日收到答复。因此你还可以用快速回复,来给别人带来“惊喜”。现在假设你有两条Twitter留言——5小时前和5秒钟前，要优先回应5秒钟前的。
3. 无法回复所有人并不意味着你不需要回复任何人。不妨听从北点事工（North Point Ministries）负责人安迪·斯坦利（Andy Stanley）的建议：“为一个人竭尽全力，就会想为所有人尽力而为。”
4. 大部分信息都可以用一两句话回复——从现在开始就要开始养成这个习惯。

答应所有人，就意味着拒绝所有人

我们不想因为无法满足大家的要求而让他们失望。你越成功，来向你寻求帮助的人就越多。下面的寓言故事可以帮助你了解拒绝别人的重要性。

假如正在南非的你听说博茨瓦纳的一个家庭需要帮助。去那个地方只能依靠步行。他们最多能支撑到月底，你必须在11月30日之前到达那里，并给他们带去水、食物和一个急救包。你背着这三样物品开始了旅程。

走了几公里后，你碰到了一位非常和蔼的老人。他问你："你要去哪里？"

你回答说："我要去帮助山里的一户人家。"

"太棒了。我女儿也住在那个村，你可以帮我把这个包裹捎给她吗？"

老人递过来一个很小的包裹。你的背包里还有多余的空间，还能装下这个小包裹，而且它也不重。

"好的，我很乐意帮这个忙。"

你继续向前走，又走了几公里后，你开始有点累了，觉得肩膀上的包有千斤重。因此你决定提前在一个小镇里休息一下。你在这里碰到了一位开玩具店的女士。当听到你的旅程后，她说："太棒了。既然你要帮助困难的家庭，那么除了一些必需品外，再带给他们一件新玩具不是更好吗？"

你同意了她的建议，因为玩具可以分散小孩子的注意力，而且带一些除了水、食物和急救包之外的东西也很不错。

这位女士告诉你："我很乐意让你把这辆红色的卡车带给他们。"

这辆玩具卡车很轻，你扔掉了一瓶水来放它。你觉得少一瓶水不会有太大的问题。而且你不愿意拒绝这些善心人士。

你继续上路了。经过一家小医院时，一名中年护士礼貌地问你要去哪里。你告诉她你的心愿，她听到后非常兴奋。

"你真是个好人。你一定要带上这瓶青霉素，它非常有用，村里的人肯定买不起。"

这个瓶子很小，你把它放在卡车里后就继续上路了。现在放着玩具、青霉素这些东西的背包变得特别重（即使你扔掉了一瓶水），你的速度开始变慢了。

由于你在途中的多次休息和较慢的速度，你到达村子的时间比预期晚了三天。到了村子后，你看到了三座新坟。你沮丧地发现，两个孩子死于饥饿，而母亲死于脱水。孩子都不在了，新玩具车也没有多大用处了。更糟糕的是，镇上的井已经干涸了，他们现在最需要的就是水。村长不接受青霉素，因为他们不相信西医。

这个寓言也适用于现代社会：我们每天都“通过答应别人的要求”来欺骗自己，进而欺骗别人。我们很容易像寓言里那样做，因为当下的我们无法看到后果。

试图帮助所有人的结果就是没有帮助到任何人。通过网络手段向我们求助的人越来越多，因为通过键盘向别人请求帮助非常简单，即使被拒绝也不会觉得尴尬。因此，尽管帮助别人就是我们活在这个世界上的原因，但礼貌地拒绝别人变得越来越重要。我建议你能提供“长期而深入”的帮助。

我们在一天、一周，甚至一年后才惊觉：“哇！时间过得太快了！我还没有完成我的目标。”下面的这些话听起来是不是非常熟悉：

“我需要5分钟来给南希回邮件。”

“卢克刚给我发了一条消息。我需要2分钟来处理它。”

“我需要马上回短信，现在先靠边停车。”

觉得熟悉吗？某种程度上，我们都是这样做的。我们需要训练自己说“不，谢谢”。虽然我们愿意提供帮助，但这种额外的负担只会拖慢我们的进度，伤害那些依赖于我们成功的人。

我们应该向医生寻求帮助，如何拒绝别人。很多医生行医的原因是他们想帮助别人。他们很难拒绝需要帮助的病人。某些情况下会有生死攸关的状况发生，然而，他们不敢奢望能治好所有人。

法律规定了医生一周的工作时间，因为疲惫不堪的医生可能会犯致命的错误。《美国医学会》杂志的一项研究表明，由睡眠不足的外科医生诊治的病人面临并发症的可能性会增加83%。医生有正常的工作时间和急诊时间。他们不可能每晚都“随时待命”。然而很多人每晚都“随时待命”，这是不可持续的。像医生那样，每天保持正常的工作时间，偶尔才有一些紧急事务需要处理。

你是否常常因为要回复当天收到的所有信息而加班？如果经常出现这种情况，对你的家人是不公平的。听听北点事工负责人安迪·斯坦利的建议：

坐在爱人和孩子面前，看着他们的眼睛说：“我先给大家道歉，这周我要回来晚一点。因为我必须处理一些电子邮件、手机短信和Twitter留言。我要说的是，回复这些消息远比你们重要。”

听起来很可笑？但事实上这就是你传达给他们的信息。

为了实现自己的目标，可以试试这个练习：把目标写在纸上，然后把这些纸贴在镜子上。告诉镜子里的自己，你自己的目标并没有那么重要，别人发给你消息和他们的求助才是最重要的。听起来很傻？如果你没有把人生目标放在第一位，而是把电子邮件、短信、Twitter留言放在第一位，就是在做这个听起来很傻的练习。

在收件箱让你痛苦不堪之前搞定它

日常生活和网络生活都很不公平。一定要了解这一点。作为引领者，越早认识到这一点，生活就会变得越简单，就能成为更高效的引领者。即使我们采用了书中提到的简单化和网络化省时建议，仍然有很多事要做，这是无法否认的事实。没有人能够打败时间老人，但成功的人会学会“与他共事”。在互联网时代与他人共事，征服收件箱就是管理时间的一个重要组成部分。

CKS 整理了 25 000 多项研究后发现，专业人员每天要花 2.5 小时处理邮件，而其中 30% 的时间都被浪费了。由此推算——假设美国 1 亿个知识型工作者，每个人的时薪是 30 美元，那么一年要浪费 5 400 亿美元。

如果你和大多数人一样，那么也会收到非常多的信息。不管是电子邮件、短信、即时消息、Skype 视频、Facebook 聊天、Twitter——你会收到很多内容。你应该感到高兴，因为这意味着有人认为你很重要。然而，我们通常把它当作永远悬挂在我们头上的乌云。

> 世上只有一件事比被人议论更糟糕，那就是没人议论你。
>
> 奥斯卡·王尔德

堆积如山的邮件和垃圾邮件

有些人有收藏电子邮件的想法。删除 10 天内未阅读的邮件，它们已经没有那么重要了。如果你狠不下心来，就创建一个“待读”文件夹，把这些邮件放在这个文件夹中。虽然你可能永远都不会阅读它们，但是这样做可以快速清理收件箱。

如果收到了垃圾邮件，不要只是删除了事。至少要点击“垃圾邮件”按钮，你花的力气与点击“删除”按钮是一样的。不同之处在于，这些工具可以记住垃圾邮件的发件人，这样你就不会再收到同一个发件人所发的垃圾邮件了。如果有足够的人通过点击“垃圾邮件”按钮来举报垃圾邮件发件人，这个发件人就会被放置在“阻止发件人列表”或“黑名单”。

更棒的是，找到并点击邮件中的“退订”链接。如果链接把你带到“订阅中心”，退订所有内容即可。如果是自动发送的垃圾邮件，返回点击“垃圾邮件”按钮即可。退订成功后，就不需要不断点击“删除”按钮来删除这些邮件了，长此以往会给你节约很多时间。如果你点击的页面要求你输入电子邮件地址，不要输入，因为它可能是一个恶意的钓鱼网站。

大部分邮件都不重要

我有一个关于电子邮件有多么不重要的有趣故事。我要度假一周时，设置了一段自动回复：

> 该邮箱的容量已满。8月15日才能解决这个问题。如果你发送的邮件很重要，请在8月15日重新发送。否则，我无法收到该邮件。给您带来的不便深感抱歉。

在此期间我收到了 1 134 封邮件。如果我一一处理这些邮件的话，肯定不会有心思度假了。然而有了上面的自动回复后，我只花了 7 秒钟的时间，把这些邮件全部删除了。按下“删除”键的时候，我心里非常不安，等着不幸降临。然而什么都没有发生，我立马就觉得解放了！

接下来的几天我仍在等着我的世界末日，但是一周过去了、两周过去了，什么都没有发生。我在 8 月 15 日收到了 9 封重新发送的邮件——都是非常重要的邮件。你能想象到吗？1 134 封邮件中，只有 9 封值得人们再发送一次。电子邮件、即时消息、短信、社交媒体留言和其他互联化消息被人们滥用——他们直接把问题丢给你。不要给他们这样做的机会，一定要敢于简化并按下生活的“删除”按钮。

互联网行为建议

效率

微软强调使用 4D 技巧来处理邮件：删除邮件、立即处理、马上转发、推迟处理。关键是每封邮件只处理一次。要毫不犹豫地删除。尽量避免“推迟处理”。必须推迟处理时，创建一个专门的文件夹，这些邮件就既不会和其他邮件混在一起，也不会弄乱你的收件箱。可以把这个文件夹命名为“待读”。

确定有必要后再发送邮件。发送的邮件越多，收到的也就越多。

关闭所有设备和应用程序中的邮件提示功能。

使用Gmail（或者将来更先进的技术）和使用Hotmail、Xfinity、AOL或雅虎相比，Gmail中的工具（优先收件箱、搜索功能、标签）会让你生活得更轻松。

给常见问题设置复制和粘贴功能（比如说，到你家的路线、固定会议的时间和地点、到你YouTube视频的超链接）。

必要时在邮件下面标明“不要求回复”——这对你和收件人都有益。

需要的时候，可以在邮件中写上“无需回复。请直接拨打我的手机。”只有在真正紧急和重要的时刻再打电话。你无需接听所有电话：手机是为你提供方便的，而不是为拨打电话的人。如果你没有时间，就立即跟对方说明。这样可以让对方直奔主题。

给他们最常用的联系方式：“这是我的办公电话，但我一周只查看几次。如果是很紧急的事情，请发短信到555-787-555。”或者“我现在正在旅行，请勿留言。最好给我发一条短信——给您带来的不便敬请谅解。”

尽快结束对话：“谢谢，下周见”或“谢谢，到了东京就告诉我。”

如果无法结束对话时，就要像网球比赛那样对待网络化通信——直接把“球”打回去。在网球比赛中，如果你找到完美的位置后再挥动球拍，球可能就会和你擦肩而过。有时因为我们想做出完美的回复，所以就推迟处理这些邮件。但这样做通常没有好处。等待过程中，球很可能就会与我们擦肩而过——双方都是输家。发件人因为没有收到回复而烦恼，而我们的收件箱里堆满了未回复的邮件。

删除超过一星期的邮件，或者将它们放在“存档”文件夹中。
退订你没有阅读的订阅邮件——你永远都不会阅读。
用一两句话回复。

使用更先进的技术，如亚马逊的“土耳其机器人”。土耳其机器人可以为你的企业提供可扩展的按需劳动力。它可以将你的工作分成多个小任务，然后让多个人同时完成这些任务。比如说，需要人工录入大量数据（把名片输入数据库，或者通过给所有的网页添加Meta标签来优化网站在Google中的搜索结果）时，就可以用最低的成本“雇用”土耳其机器人。它会在你休息期间完成工作。如果你希望只和一个人打交道，可以从印度或泰国雇用一个虚拟助理来帮助你完成日常工作。畅销书作者蒂姆·费里斯就很信赖它们。

如果这些方法都无法满足你的需求（对我来说，它们都不是太适合），那么我建议你聘用一个实习生。是的，你可以拥有自己的实习生。你可能认为这很疯狂，但它确实对双方都有益。实习生寻求实践经验，他们很愿意提供免费工作。联系当地大学的教授，和他们建立良好的关系。他会将最好的学生派给你。如果你手头的工作无法吸引实习生，那么你就应该好好考虑一下了。

互联网行为建议

20-20-20法则

使用网络设备时，眨眼的频率会降低 70%。日常生活中的平均眨眼频率是每分钟 18 次（tpm），但使用网络设备时，会减少到每分钟 4 次。一个简单的法则是每 20 分钟休息一下，至少盯着 6 米的地方 20 秒钟（20-20-20 法则）。可以使用 EyeProtectorPro 工具提醒你该休息了。

永远不要停止简单化

生活在互联网时代的人很挫败，因为他们早上醒来就在想：“我今天一定要到达‘无事可做’的地步。我今天一定要完成‘任务清单’里的所有任务。一定要回复收到的所有邮件。”很多人都把成功定义为“到达无事可做的地步”，但这本身就有点矛盾。如果你的人生目标只是坐在沙发上，那么你就已经到达这一步了——因为你的“任务清单”中没有任何内容。

生活中日益加快的互联网节奏让我们很难完成所有的事情。每个月都列出这个月最需要关注的三件事。开始时会很困难（缩减为三件事），但一定要坚持下去。就像作家吉姆·柯林斯提醒的那样，多于三个重点相当于没有重点。

一定要保持简约！

成为互联网时代高效引领者行动指南

* 生活是复杂的，那些能将它简化的人才是赢家；
* 对互联网时代引领者来说，抱怨是致命的；
* 人总会犯错，重要的是如何处理它们；
* 同时处理多个任务只会降低效率；
* 找准市场定位；
* 拿定主意；
* 学会拒绝别人，优先处理重要的事情；
* 选择一天作为“无科技日”（比如说，不使用手机、平板电脑、电脑，不看电视）；
* 尝试“不抱怨的一天”方法；
* 将精力放在你最擅长的事情上；
* 写出你关注的三件事；
* 收件箱是为你提供方便的，而不是为发件人提供方便；
* 学会集中处理收件箱（对于多数人来说，建议你选择上午10:00和下午3:00）；
* 学习用一两句话来回复所有的网络化信息；

* 生活本来就是不公平的，要先回复最重要的信息；
* 尽量简化你的互联网形象；
* 迎接互联网时代的挑战。

TRUE

法则2

忠诚

忠于自己的激情

1. 决定成为什么样的人之前，先决定你想做什么；
2. 在全球化竞争环境中，成为全才已经过时了——找准自己的定位才是关键；
3. 对于互联网时代引领者来说，个人才是最强大的。

SIMPLE简化：成功是简单化和聚焦化的结果

TRUE忠诚：忠于自己的激情

ACT行动：不行动的话什么都不会发生——迈出第一步

MAP路径：获得成功所需的目标和愿景

PEOPLE人才：互联网时代，仅凭一己之力无法取得成功

第5章

决定成为什么样的人之前，先决定你想做什么

要成就一番伟业，唯一的方法就是热爱自己的事业。

史蒂夫·乔布斯

我们太晚才领悟到人生的本质。然而幸运的是，通过听从成功引领者的建议，我们可以了解人生和目标。正如比尔·克林顿2010年在《读者文章》的一篇采访中所劝诫的：

无论你有多少金钱和时间，找到一些你真正关心的事情，并且相信你一定能做出一番成就。随着我逐渐变老，我就越来越想保持一项纪录：在我卸任之后，人们的生活是否比我就职前得到了改善？

对即将毕业的大学生要选择的职业方向，克林顿给出了下面的建议：

首先我想要说，他们有历史上的伟人们所没有的东西，那就是选择的机会。我们的祖先在几千年前第一次踏上非洲大草原的时候，他们没有机会选择以何种方式生存。人能够选择自己想要从事的事业是莫大的荣幸。因此我必须要说，找到一项你热爱的事业是最重要的。

史蒂夫·乔布斯也给斯坦福大学的毕业生提出了类似的建议：

……因此我决定退学，我相信这是一个正确的决定。不可否认，我当时确实非常害怕，但现在回过头来看，那的确是我一生中最棒的决定……你在展望未来的时候无法将这些片段串联起来；只有在回顾的时候才能将点点滴滴串联起来。因此你必须相信，这些片段会在你未来的某天串联起来。你必须要相信某些东西——你的勇气、目标、生命和姻缘。这个过程从来没有让我失望，只是让我的生命更加与众不同而已……我非常幸运，因为我在很早的时候就找到了我所钟爱的东西。

现在你们才是全新的，但是不久之后的某一天，你们也会逐渐变成旧人，然后被淘汰……你们的时间很有限，因此不要将它浪费在重复别人的生活上。不要被教条所束缚——那意味着你活在别人的生活里。不要让别人喧嚣的观点淹没了你内心真正的声音。最重要的是，你要有听从直觉和心灵指示的勇气。某种程度上，它们知道你想要成为什么样子。其他所有的事情都是次要的。

当追问他们给当代年轻人最重要的一个忠告时，这两位不同风格的卓越引领者（乔布斯和克林顿）都强调了同样的观点：坚持你的选择。

很多人总是以“要付账单、完成学期论文，或者取悦老板”等作为不采纳这个建议的借口。因此，在决定我们要做什么之前，必须先弄清楚我们是谁和我们的目标是什么。每前进一步，你可能都需要后退两步，但这最终都是值得的。你只需知道，即使是乔布斯，当他决定退学时也会感到害怕。

设想一下，坐飞机、公交或火车时，邻座的人问你是谁时，你有什么感觉？你肯定会有点不太舒服。你应该觉得这是一个很私人的问题。它触及到了我们的目标。是什么让你开怀大笑？又是什么让你痛哭流涕？是什么让你充满活力？我们要从我们是谁、我们在做什么来实现我们的目标。简单来说，如果这是生命中的最后一天，你会为你的工作和你是谁感到快乐吗？

发现你的激情

我们会在接下来的几章中讨论行动（想做就做）和目标（了解你的愿景）。然而在此之前，我们先要了解一下自己的激情所在。激情是让我们实现人生目标和网络化遗产的动力。北点事工公司负责人安迪·史坦利说："在决定你想成为什么样的人之前，不要决定你想做什么。"这一点非常重要。如果你不知道想成为什么样的人，又如何领导别人呢？

橄榄球、刺绣和芭蕾

1955 年 ~1967 年期间，罗西·格里尔（Rosey Grier）是 NFL 的一名运动员。他是洛杉矶公羊队著名的"所向披靡的四猛将"（Fearsome Foursome）中的一员，被认为是历史上最好的中后卫之一。格里尔是一个高大的男人。从橄榄球队退役后，他就担任好友美国参议员、总统候选人罗伯特·F·肯尼迪的保镖。在肯尼迪被刺杀的当晚，格里尔被派往保护埃塞尔·肯尼迪，而且他是制服了刺客瑟罕的保镖之一。

格里尔的经历让他变得与众不同，然而同样让他与众不同的是他对刺绣和针织的热爱。他太喜欢刺绣了，还为此出版了一本书，书名叫《罗西·格里尔男士刺绣》（*Rosie Grier's Needlepoint for Men*）。格里尔是一名非裔美国足球运动员，而他的这本书是在社会风气相对保守的 1973 年出版的。

对于 20 世纪 70 年代的所有男人（更不用说著名的足球运动员）来说，刺绣并不是一项男性运动。罗西·格里尔说他非同寻常的爱好可以让他在旅行中身心放松，让他在女人堆里待着更舒适。尼尔·帕斯理查在《人生中最美妙的事都是免费的》一书的第 3 章里写道，罗塞·格里尔就是本真的典范。虽然男人刺绣的形象有点好笑，但我们可以从格里尔那里获得启示——站出来告诉别人你的爱好。

另一位已经退役的足球运动员林恩·斯旺（Lynn Swann）是4次超级碗冠军的获得者匹兹堡钢人队的成员之一，还是第一位获得超级碗最有价值球员（MVP）的接球手。在NFL期间，斯旺决定接受芭蕾舞训练，以帮助提高他的协调能力和平衡感。和格里尔一样，斯旺的爱好受到了公众的批评，因为芭蕾是“不够男人”的运动，然而斯旺还是坚持芭蕾舞的训练。

心灵的力量才是最强大的。

H·J·亨氏

斯旺现在是亨氏公司、赫尔希娱乐和温德姆国际公司的董事会成员。2006年，他作为共和党候选人竞选宾夕法尼亚州州长，但输给了现任州长埃德·伦德尔（Ed Rendell）。如果他当年成功竞选的话，将成为宾夕法尼亚州的首位非裔州长。

虽然格里尔对刺绣的兴趣和斯旺对芭蕾的爱好并没有对他们人生的成功产生直接的影响，但这些看起来很另类的爱好却显示出他们作为引领者所必备的品质。对于斯旺和格里尔来说，这些爱好还释放了他们的压力，提高了他们其他的技能，帮助他们在足球场、董事会或政府部门取得成功。因此无论是遭别人嘲笑或遇到其他障碍时，也一定要追随你的激情，体现你的价值。它能帮你传达出让其他人欣赏并追随的自信。不用去理会那些批评者，反正你也不想让他们成为你的追随者。

奥普拉的内心指南

奥普拉·温弗瑞常常为她的节目内容而纠结。她总是遵循着坚持制作她认为对世界有益的节目，而不是根据收视率来制作节目。

“我录制了一期关于杀人狂的节目。他杀了80个人。我做了整个采访，还采访了一些受害者的家属。在制作过程中，我突然觉得自己不应该这样做；

这帮助不了任何人。这是对连环杀手的窥视，这会给别人带来什么好处呢？我们最后没有播放这个节目”

不管是出于对节目的激情，还是她多年来通过三个基金会——天使网络、奥普拉·温弗瑞基金会和奥普拉·温弗瑞操作型基金会支持的多项事业，奥普拉都通过追随内心来保持她的领导力。她通过帮助别人，给世界带来了积极的变化。她的行为获得了观众的喜爱。虽然她是一个艺人，但是人们觉得她考虑的是对他们和世界最有益的事情。即使是最好的演员也无法演出内心深处的激情。她虽然不是 Twitter 的早期和忠实用户，但奥普拉在注册账号的几周内就拥有了数百万追随者。她在艰难险阻中也要追求成功的激情，让公众为之倾倒，并渴望成为像她这样的人。

互联网行为建议

找到你的激情

寻找激情很难，下面的练习会对你有所帮助。

你对你的工作充满激情吗？对你的公司充满激情吗？你喜欢你的同事吗？你每天都充满激情吗？你是起来迎接挑战，还是继续窝在被窝里呢？

如果你无法回答这些问题，就看看你的网络化足迹——Facebook 状态更新、电子邮件、上传的照片、分享的 YouTube 视频。最常和别人分享的内容，就是你充满激情、感到满足的东西。花一天时间来整理一下你近两周的网络化行为，看看哪些内容最能给你满足感。这样就能找到你的激情所在了。

另一种方法是：每天晚上都写下一天当中的两个亮点。你写下的这些内容会慢慢形成一些主题。这些主题就是你的激情所在。

在谷歌上搜索自己

你希望那些对你最重要的人，在谷歌上搜索你的名字时搜到什么内容？大部分人都希望人们记住他们给世界带来的积极变化和他们所取得的人生成就。然而如果你不清楚自己想要从生活中得到什么，就不可能知道将激情用在什么地方。你想留下什么样的网络化遗产？现在就认真考虑一下。或者先停下来，想想当别人搜索你的名字时，你想让他们看到什么内容。然而在开始前，要先理解下面的内容。

2011 年谷歌搜索结果的标题只允许 60 个字符。标题下的正文共计 150 个字符。2011 年 Twitter 只允许 140 个字符。未来的几十年，字符限制可能会更加严格，因为有更多人、媒体和技术手段会争夺我们的注意力。同时随着人们逐渐成为天生的网络人，他们的关注视野也会越来越小。要突破这种不断增长的混乱，我们的信息只能越来越短。

考虑到这些限制，先输入少于 60 个字符的标题，然后是三个描述性词语。比如说，海伦·凯勒做这个练习，可能就会写出："海伦·凯勒体现了人类精神——不断鼓舞着人们：

* 乐观；
* 坚定；
* 积极。"

你很快就会发现，你想让人们搜索到的标题不是"泰伦地区最棒的球手"或"家族中最有钱的女人"。你想让他们说的是诚实、激情、无私、励志、有爱心、乐观和慷慨这些品质。以迪克·范·戴克为例，当《今日美国》的记者问他想在墓碑上写上什么时，他回答："很高兴我能帮上忙。"

> 诚实是最丰厚的一笔遗产。
>
> 威廉·莎士比亚

互联网行为建议

维基百科：你在哪里

如果把维基百科整理成书，可能会有 225 万多页。然而很多人都不会出现在维基百科中。更糟糕的是，他们在维基百科中的形象并不正面。无论是对个人还是企业来说，维基百科都很重要—— 一项皮尤调查表明，54% 的美国成年网民经常访问维基百科，而每个月有 4 亿用户访问它。维基百科一共有 250 多种语言版本。在搜索引擎中搜索你或你的公司时，出现在最上面的搜索结果通常都是维基百科条目，因此必须为此努力；出现在维基百科会给你带来信誉。想让别人如何编辑你自己或公司的信息呢？

如果早上刚注册维基百科账号，就迫不及待地编写你自己或公司的条目，这个条目很可能会被维基百科编辑删除。最好是在做出一段时间的贡献后，再编写自己或公司的条目。如果你的维基百科账号只编辑了一个人或一个公司的信息，那么维基百科编辑就会知道这些内容的来源不正，从而对这些内容进行相应的编辑。

如果维基百科上有一些自己或公司的负面但真实的信息，不要马上删除它们。对于编辑和贡献者来说，这种审查是另一种“标记”，这种报复是可耻的。要试着通过告诉别人这件事情的另一面来消除负面影响，而不是删除这些信息。也可以删除与事实不符的信息，但一定要引用可信的第三方资料。更不要在维基百科上编写具有促销性质的内容，因为这些内容很快就会被删除（维基百科列出了被认为是促销信息的内容）。

虽然维基百科非常容易使用，但它并不像 iPhone 那样简单，因此你可能需要找人来帮你。问问你的朋友和家人是否认识维基百科的贡献者，从他们那里寻求帮助。

微笑有益健康

在努力过充满激情和目标的生活时，心态自然会变得更加积极，身体状况也会得到改善。三个不同的研究表明，只有健康的心态才有健康的身体。

哥伦比亚大学的卡琳娜·戴维森博士（Dr.Karina Davidson）对加拿大新斯科舍省的居民进行了长达10年的研究。结果表明，和人生观消极的人相比，具有积极人生观的人更不容易得心脏病。戴维森相信，具有积极人生观的人往往睡得更好、吃得更健康、更能从容地应对压力。

《心理科学》刊登了一篇研究分析20世纪50年代开始棒球运动的运动员的脸部和笑容。常常面带笑容的选手平均会多活5年。

肯塔基大学的另一项研究跟踪了124个法律系学生四年的表现，发现那些对法学院持积极态度、在压力下保持乐观的学生拥有较强的免疫系统。研究员说，这一发现表明在巨大的压力下（如手术）保持积极的态度，就会得到一个更好的结果。

> 第一原则是不要欺骗自己，但你却是最容易被欺骗的人。
>
> 理查德·飞利浦·费曼
> 诺贝尔物理学奖得主

互联网行为建议

谁会链接到你的页面

如果你有自己的博客、公司网站或Facebook页面（读完本书后应该有），一种找到支持你的人的好方法就是看看谁从他们的页面超链接到你的页面（比如说，他们有指向你网站的链接）。只要在“雅虎网站浏览器”（siteexplorer.search.yahoo.com）这类工具中输入你的URL（Universal Resource Locator，通用资源定位器），就可以找到这些信息。网站浏览器会显示出链接到你页面的人数，和所有链接到你站点的网站。这个工具也非常适合企业使用，因为你可以输入竞争对手的网站进行对比分析。他们为什么拥有你所没有的链接和支持者？入站链接越多，越容易被谷歌和必应搜索到，因为这两个搜索引擎使用的算法会优先显示拥有很多入站链接的网站。

激情可以战胜天赋

在“重新认识罗纳德·里根”的报道中，美国有线电视新闻网（CNN）的政治分析家大卫·培根（David Bacon）作出了如下评论：

里根非常了解自己，并且能坦然接受自己的一切。里根不仅有着明确的人生规划，在政治上也有非常明确的信念，他还将自己那极富感染力的乐观精神传遍美国。不管人们是否同意他的政策，他都是继富兰克林·罗斯福之后白宫最优秀的引领者。里根并没有自以为是，但他的确非常聪明。

培根是唯一为4位美国总统（尼克松、福特、里根、克林顿）担任顾问的人，他认为克林顿要比里根更聪明。但是培根在比尔·乔治所著的《真北》一书中对克林顿作出了如下评价：

如果说尼克松一直在光明与黑暗之间挣扎的话，我感觉克林顿的核心问题是他的内心没有一个明确的指针。他拥有360度的视觉，却没有一个坚定的真北。他不清楚自己到底是谁，总是希望通过别人的视角来定义自己。这让他变成了一个充满冲突和矛盾的人。而在别人看来，他似乎是一个矛盾的混合体，给人一种忽强忽弱的感觉。

我们在本章开头就展示了克林顿的优点，但他犯了错误时，总是要通过外力来定义他自己。克林顿在这几年里更好地理解了这个观念，总是对年轻一代强调“找到自己的兴趣才是最重要的。”要注意，他说的并不是“找到别人的兴趣才是最重要的。”

并非最聪明的人才能取得成功，激情比智慧和天赋更重要。托马斯·爱迪生在一个世纪前就意识到了这一点：“天才就是1%的灵感和99%的汗水。”

密歇根州立大学的篮球教练汤姆·伊佐（Tom Izzo）也有同样的想法。从2000年起，密歇根州立大学只吸纳了7名麦当劳全美明星高中生。而其他8个大学吸纳了更多全美明星高中生，包括杜克（22）、北卡罗来纳（22）和堪萨斯（12）。

虽然密歇根州有天赋的队员不多（基于麦当劳全美明星高中生的数量），但他们打入四强的次数要比其他球队多。伊佐坚信取得成功的主要原因是，他招纳队员的依据是他们的内心和欲望，而不只是外在的身体天赋。

伊佐的这套方法让我想起与战争有关的一句老话：雇佣兵总是强过义务兵，而志愿兵是最强的。因此个子很高、拥有惊人的速度和弹跳力、却只是为奖学金或赚钱而成为职业篮球员的选手，总是不如那些天赋不高、但真心喜欢这项运动的选手。还有一句与篮球教练直接相关的老话：天赋和潜能使很多教练被开除。就像迈克尔·乔丹那样，把天赋和激情结合在一起才能取得不俗的成就，杰瑞·莱斯（Jerry Rice）被认为是NFL最棒的外接手。在他前后还出现过几百位比他更高、更快、跳得更高的外接手。但他的激情让他成为了最棒的外接手。同样的观念也适用于互联网时代的引领者：未来领袖是培养而成的，并非天生的。

> 你必须相信自己，如果你都不相信你自己，怎么指望别人相信你。
>
> @奎尔曼

忠诚的阿甘

阿甘在被空袭的越南丛林里大喊“我要找到布巴！”布巴是阿甘最好的朋友，他和排里的其他士兵都没有从突袭中跑出来。阿甘坚持要回去找布巴。但他被命令留在原地，因为布巴很可能已经死了。尽管其他人都反对，但阿甘坚持要到充满死亡气息的丛林里寻找他的朋友。

在寻找布巴的过程中，阿甘遇到了其他受伤的战士，他把他们背到了安全地带（他也因此获得了荣誉勋章）。在阿甘找到奄奄一息的布巴前，他还中弹了。阿甘把布巴带到了安全地带，但他的朋友还是死在了他的怀里。阿甘离开了越南，尽管布巴已经死了，他还是实现了布巴要一起做捕虾生意的愿望。他们原先说好利润要五五分成。虽然布巴已经死了，但阿甘还是遵守他的诺言，把他在捕虾生意中赚的 50% 交给了布巴的家人。

人们不断提醒阿甘，他和别人不一样。但真正让他与众不同的是，他具有不受反对者负面批评干扰的能力。别人嘲笑他时，他仍然坚持自己的道路、忠于自己的信仰。

> 让我们感到快乐的不是上班能赚到多少钱。而是我们的工作是否让我们满足。
>
> 马尔科姆·葛拉威尔
>
> 《异类》（*Outlier*）作者

我们应该忠于自己的内心，不要被其他人的话（如"不"、"不能"、"不可能"）所干扰。

假如说我们面前有很多网络化贝壳。要找到含有珍珠的那一颗，而关键是用我们的激情去打开它。

第6章

找准定位才是关键

如果你唯一的目标是赚钱，那你永远都不可能实现这个目标。

约翰·D·洛克菲勒

过去，全能型的人被认为拥有最成功的人生。然而在如今的移动互联网环境中，竞争已经变得越来越激烈。由于交流技术的进步，世界之间的联系已经变得越来越紧密。德国的毕业生现在需要与日本、中国、印度和美国的学生竞争。而全球人口还在不断增长。1960年全世界有40亿人，而现在已经超过了70亿。这就意味着如果你想成为最优秀的人，还必须打败30多亿人。这就是你需要找到人生定位并不断磨练自我的原因。

杰克·尼克劳斯和泰格·伍兹能在高尔夫球上取得成功，是因为他们的天赋和他们对这项运动的专注。实际上尼古拉斯擅长多种运动，甚至一些大学在他高中毕业后，就招纳他到篮球队。但他进入俄亥俄州州立大学后发现，把精力放在高尔夫球上才能取得最大的成功。几十年后，伍兹出生的时代已经有了很大不同。伍兹的父亲厄尔知道，儿子要成为世界上最好的高尔夫球手，就必须把精力都放在这项运动上。从两岁起，伍兹唯一的重心就是成为最好的高尔夫球手。

同样，电台脱口秀主持人科林·考赫德（Colin Cowherd）关注的是高收视率的内容。他在拉斯维加斯、坦帕和波特兰的优秀表现，让他成为 ESPN 全国性广播节目的主持人。他从来没有忘记让他达到事业顶峰的原因：

听众给我们打电话或发邮件，说当我们没有多讨论曲棍球和橄榄球时，他们感觉很不爽，我觉得很好笑。我们也不会在节目中讨论女子曲棍球和排球。我的薪水是由收听率决定的，这就是个简单的数字游戏。如果有很多人要听橄榄球的话，我们每天都会讨论橄榄球。如果是国际化节目，我们也会聊聊橄榄球。我不会在节目中聊一些只有少数人想听的东西，我们只会聊多数人要听的话题，就这么简单。虽然我们听烦了纽约洋基队和达拉斯牛仔队，但收听率是不会说谎的，人们还是想讨论它们。就像洛杉矶的听众想听到关于NFL、湖人队和USC（南加州大学）的讨论一样。

考赫德有时也会侮辱小城市或乡镇："如果让我在迈阿密和克利夫兰之间选择，我一定会选择迈阿密。克利夫兰就是个烂地方。"他知道他节目的收听人群不在这些地方，考赫德只关注他的收听率。要想取得成功，就要关注我们自身的优势，而不是行业。从个人层面上来说，我们要关心的是能带来整体幸福感的东西。

马库斯·白金汉（Marcus Bukingham）在他的畅销书《现在，发现你的优势》（*Now, Discover Your Strengths*）一书中，告诉我们如何寻找真正的才干和找准个人定位：

尽管你已经很有成就，但你仍然怀疑自己是否真如人们所想的那样富有才干。你怀疑，也许是运气或环境，而不是你的优势造就了你的成功。你耳边老是有一个焦虑的声音："你什么时候就会原形毕露？"尽管你的理智结论与此相反，但这话你却听进去了。

这部分说明了为什么人们在被要求描述其优势时很少提及自身才干的原因。相反，他们会谈到自己一生中获得的身外之物，如证书、文凭、经验和奖励。这些就是能够证明他们取得了进步的“证据”，因而获得了一些可以拿出手的宝贝。

学会了如何专注于我们的激情后，就可以利用独一无二的天赋，在运用相似技能的领域中获得成功。例如，如果你的目标是成为最棒的广告设计师，当你达到顶尖水平后，可能会利用自己的技能，顺利成为一名享誉全球的悬疑小说家。或者你觉得更喜欢、更擅长写言情小说。成为全能型人才却是不同的。成为全能型人才意味着你的目标是成为最优秀的广告设计师、广告客户经理和媒介购买人员。你可能会在这三方面都有所成绩，但几乎没有人能够同时在这三个方面都擅长。

专注于你的激情，发现你的才干

在成立乔·吉布斯赛车队并获得 3 次纳斯卡锦标赛冠军之前，作为华盛顿红皮队的教练，乔·吉布斯（Joe Gibbs）已经三次获得 NFL 超级碗冠军。这两种经验都帮助吉布斯建立一个团队，管理并领导该团队，让队员和工作人员发挥他们的潜能。这个概念类似于高级管理人员可以管理不同的公司。

而詹姆斯·帕特森（James Patterson）在成为最畅销的小说家之前，他是智威汤逊广告公司的创意总监。他通过设计广告来锻炼自己讲故事的能力，这项才干随后帮助他成为了一名作家。他找到了自己的定位，并追随着自己的写作激情。

在成为《早安美国》的主播之前，罗宾·罗伯茨（Robin Roberts）一直在ESPN锻炼她的播音技能。她很喜欢运动，还曾经在大学里打过篮球，但她喜欢讨论社会问题。她在ESPN的这段工作经验成为了她下一步职业规划的跳板。2005年，她成为ABC早间节目《早安美国》的主播。在整个职业生涯中，罗伯茨共获得了3次艾美奖。

这些例子都表明在当今世界中，当你非常渴望实现梦想时，总能实现。有时我们需要一块“垫脚石”（就像帕特森和罗伯茨那样）。由于科技的迅速发展，当今世界的等级制度已经逐渐在减少。例如，现在创办自己的公司要容易得多（如谷歌、汤姆布鞋或美捷步等）。技术减少了创办一家新公司的成本和风险。因此虽然需要垫脚石，但我们比任何时候更接近成功。

成功并不意味着结束，从乔·吉布斯的例子中可以看出，可以把绝招用在不同的公司、职业和运动中。马克·库班成功地创办了Broadcast.com，并运用他的企业管理技能来管理达拉斯小牛队。在他的带领下，NBA最没有活力的球队在2011年获得了NBA总冠军。

从失败中吸取教训

从成功人士那里听到的建议往往是做你喜欢做的事。正如前文所引述的，史蒂夫·乔布斯曾这样解释道：“要有勇气去追随心声，听从直觉。某种程度上它们知道你想成为什么样子的人。其他事情都是次要的。”

这种话也许会让听到的人充满挫败感。他们经常会这样回应：“说的简单，但我还要付账单，还要养活孩子呢。”在这种挫败感中，他们忘记了一个重要的事实——多数人都不是在一夜之间取得成功，在他们通向人生巅峰的过程中也会失败。他们也要付账单，要养活孩子，还要面对放下“稳定工作”，追逐激情的压力。

我们只看到汤姆·汉克斯又一次获得奥斯卡奖，却没有想过，有多少个夜晚，他都在破旧的喜剧俱乐部和酒吧不断训练自己的演技。我们不要忘了在情景喜剧《亲密伙伴》（*Bosom Buddies*）中，他所扮演的角色为了能住在廉租房里，打扮得像个女人（这部电视剧在两季后就被取消了）。

戴尔·卡耐基也并非一夜成功，“卡耐基领导力培训秘籍”中介绍了他的这段经历：

> 卡耐基在密苏里一所州立大学接受成为老师的培训，但后来他在纽约市找到了一份推销卡车的工作。如果你觉得不可能，那以此类推，有抱负的小说家绝不可能成为公司法律顾问，厨师也不可能成为会计。卡耐基有一天突然想到，他现在的生活与他想象的完全无关。这种认识让人非常不安，和多数人不同，卡耐基决定做出改变。
>
> 他首先辞掉了卡车推销员的工作，这是他一直想做的事情。下一步就没那么容易了。卡耐基知道他不想卖卡车，他过去接受的都是针对教师的培训。他知道他真正想做的是写作。考虑到自己的兴趣和接受的培训，他开始制订一个计划。也许他可以到夜校教书，这样白天就可以读一些短篇小说。这是一个好想法，但要实现并不容易。卡耐基首先申请了曼哈顿地区最具声望的高等院校（包括哥伦比亚大学和纽约大学）。两所学校都拒绝了他。后来他在纽约青年会找到了一份教成年人销售和演讲技巧的工作。

最糟糕的工作并不是你讨厌的工作，而是让你没有激情的工作。你反倒容易辞去让你讨厌的工作。也许有人会说，卡耐基辞掉卡车推销员的工作很容易，因为他知道自己并不喜欢这份工作。然而大多数人都没有这么幸运，我们一直做着这份“不算太糟”的工作，而不是去寻找我们的职业和人生定位。

最快的失败方法

人生最快的失败方法是少年得志或轻易获得成功。这句话听起来很奇怪，谁不想少年得志？之所以这么说是有一定原因的。

首先，你能够应对成功了吗？在退役后的两年时间内，78% 的 NFL 球员都因为失业或离婚而面临破产，或有经济压力。在退役后的 5 年内，约有 60% 的 NFL 球员都破产了。艺人和名人也面临着少年得志而产生的问题。想一下琳赛·罗韩、加里·科尔曼、库尔特·科班、安东尼·韦纳、玛丽莲·梦露、猫王、艾略特·斯皮策、麦考利·卡尔金、查理·肖恩——这样的例子举不胜举。

少年得志的第二个潜在问题是，它可能不是你喜欢的领域。我们在一个领域获得成功时，就觉得应该继续下去，即使我们对此没有激情。这种情况俗称为“黄金手铐”。必须找到能够让你满足的定位。

第三，如果不努力就获得成功，我们就会认为人生本来就是这样。比如说很多彩票中奖者都无法处理这笔意外之财。中奖者通常都会立刻改变他们的生活方式，支出远远高于他们的收入，最终走向破产。从经济和个人幸福的角度来说，很多中奖者的生活会变得更糟糕。

> 伟大的灵魂总是遭遇平凡人的强烈反对。
> 阿尔伯特·爱因斯坦

然而从这些失败中汲取教训能够帮助你走向成功。即使是NBA球星迈克尔·乔丹，也有被高中篮球队除名的经历。但乔丹仍然坚持练习篮球，因为他喜欢这项运动。在他的名人堂入驻演讲中，乔丹表示自己如此拼命是为了证明那些人是错的，尤其是被球队除名后。在入驻典礼上，他甚至爆出了被逐出球队后顶替了他的那个人的名字。

你也像迈克尔·乔丹一样，将人生的障碍当作激励你继续前进的动力吗？

还是有困难时就放弃呢？就像传奇的电台播音员保罗·哈维（Paul Harvey）跟我说的："我希望有一天我能够取得足够大的成就，这样当有人问起我是怎么做到的，我就能告诉他们'我爬起来的次数比跌倒的次数还要多。'"

人生印记　"高大的"摔跤手

安东尼·罗伯斯（Anthony Robles）的母亲说："他总是竭尽全力，从不灰心丧气。他不想成为与众不同的那个。"但她的儿子确实与众不同，因为他是NCAA（全美大学体育协会）摔跤比赛的冠军。只有少数人才能获得这个称号，几乎没有人能够在一条腿的情况下获得该称号——安东尼·罗伯斯生下来就没有右腿。

罗伯斯说："我一直想踢足球，但我太小了，于是我决定学习摔跤。我是一名很糟糕的摔跤手，因为我只有80斤。但妈妈告诉我上帝创造我总是有原因的，我相信这个原因就是摔跤。"

罗伯斯并没有将他的状况看成是一种阻碍。实际上他将这看成是他的优势。"这是很大的优势，每天用手和肩膀拄着拐杖走路使得我的胳膊变得很强壮。在我的重量级别中，我的上身力量是很大的优势。"

他之前拄着拐杖在10分钟内可以走一英里，而现在已经缩减到了8分钟一英里。亚利桑那州的一名队友说："我认为他的目标是6分钟内走完一英里，安东尼一定可以做到。"

2011年，罗伯斯在决赛中以7：1的成绩卫冕冠军，结束了他完美的一个赛季："我练摔跤是因为我热爱这项运动。不少人在Facebook上给我留言或者给我写邮件，说我的故事激励了他们，那些他们原本都不敢想的事情，现在他们都有信心去试试看。"

同一种人格

引起《颠覆：社会化媒体改变世界》一书读者共鸣以及很多传统引领者仍为之奋斗的是，在现实生活和网上生活都保持同一种人格。他们希望在垒球队和教会成员面前有不同的表现。要成为真正的互联网未来领袖，就不能具有不同的人格。大家希望看到的是你真实的人格。

> 做你自己，说出你的感受，因为那些对你重要的人不会介意，而那些介意的人对你不重要。
>
> 苏斯博士

这个概念很难掌握，我会在书中会多次提到它。即使是 Facebook 的创始人也没有理解这个概念。大卫·柯克帕特里克（David Krikpatrick）在《Facebook 效应》（*The Facebook Effect*）一书中，讲述了这个概念的精髓：

> “你只有一个身份。”在 2009 年的一次采访中，他在短短一分钟里就把这句话强调了三遍。他回忆在 Facebook 早期，一些人认为应该为成年用户提供“工作描述”和“兴趣爱好”。但扎克伯格自始至终反对这样的划分。“对工作上的朋友或同事表现出一副面孔，而对你生活中熟悉的其他人是另一种面孔，这样的日子快要结束了，”他说道，“对于一个人来说，双重身份是不诚实的表现。”扎克伯格从道德角度辩护道。不过他也很务实，他说：“这个世界的透明程度已经不允许一个人拥有双重身份。”

我们需要理解并接受这种社会转变，这样才能在通往未来领袖的道路上，相应地调整我们的行为。要引领别人就必须先掌控自己的人生。要开始拥有最好的人生，这样才能感到幸福和满足。如果做到了这一点，就创造了让别人追随我们的吸引力。先做自己人生的网络化引领者，再引领别人，要记住，透明度是关键。

透明度更早的例子是 H.J. 亨氏和美国亨氏公司。19 世纪的 H.J. 亨氏就明白真诚和透明的重要性。他第一个把调味酱装入透明玻璃瓶里出售，是为了让人们更直观地看到调味酱的纯正度。当时的人们对加工食品很不放心，而且他们有权这么想：很多公司都使用不合格的添加剂，或者他们的食品加工很不卫生。

亨氏第一个允许人们参观工厂，以便展示他们的产品质量和环境卫生。这是人们第一次见证实际的生产线。每年都有 2 万人参观他们的工厂。你曾经装在不透明瓶子中的隐私，现在就像亨氏的玻璃瓶那样一目了然。

信念和时间

忠于自己的激情，找到人生定位并不容易。要花费更多时间才能在你喜欢的领域获得成功。人生的捷径通常是失败的捷径。

我之所以明白这个道理是因为 14 年来我一直写信给出版商，询问他们对我手稿的意见。收到的上百封退稿信激励我成为一名更好的作家。激情和坚持终于得到了回报，我的全球畅销书《颠覆：社会化媒体改变世界》出版了。我别无他法，因为这条充满挑战的道路促使我的写作水平不断提高，最终让我获得了成功。

杨·罗必凯广告公司（Y & R）的 CEO 安·傅洁（Ann Fudge）给出了下面的建议：

奋斗和艰苦的经历最终会塑造你。不要害怕挑战。迎接它们。即使再难也要勇敢地走下去。告诉自己，总能从这些经验中学到一些东西。虽然现在我还无法理解它，但总会有那么一天。这是我人生的一部分，而人生就是不断学习的过程。每一个具有挑战性的经历都能挖掘出你内在的力量（潜能），而这些力量能让你安然度过这些暴风雨。人生值得做的事情都是很难做到的。

要在移动互联网时代继续前进，身为引领者的我们就必须记住这个建议。我们必须直面实现新技术、全球化竞争和寻找成功的过程中所遇到的挑战。通过发挥我们的优势和个性，追随激情，找到人生定位，可以在这个过程中帮助我们提高领导思维。时刻记住“我们是谁”能够让我们在互联网时代脱颖而出。

成功的“女巫”

童话小说《女巫前传》（*Wicked*，2003 年被改编为同名音乐剧）的作者格莱葛利·马奎尔（Gregory Maguire）在成名前也度过了一段艰难的时间。成功并没有马上到来：

在《女巫前传》之前，我已经写了15年书，虽然获得了一些好评，但几乎没什么销量。然后我突然想到用《绿野仙踪》里的角色，作为邪恶本质的背景——我想说终于给我的衣服找到了衣架。但如果《女巫前传》本身没有吸引力，那么我敢肯定它不会取得成功。

用马奎尔的话来说，我们需要一段时间来寻找我们的“衣架”。找到后，就要全速前进了。在此期间，重要的是坚持我们的激情，这样找到合适的“衣架”后，我们才不至于措手不及。

换句话说，机会总是留给有所准备的人的。

黄金年代的金拱门

世界上最有标志性的商人直到 52 岁时才取得事业上的重大突破。雷·克拉克（Ray Kroc）高中就辍学了，曾经在妓院和地下酒吧弹过钢琴。1917 年第一次世界大战期间，15 岁的克拉克为了成为一名救护车司机，向红十字会谎报了他的年龄。

克拉克的大部分工作都是推销员。1954 年，作为总部位于芝加哥的多功能搅拌机推销员，他接到了加利福尼亚圣伯纳迪诺州某个餐厅的大订单。他对此十分好奇，就立刻坐飞机前去与麦当劳兄弟会面。1955 年，克拉克创办了麦当劳公司。克拉克的第一家麦当劳餐厅在伊利诺伊州的德斯普兰斯开业，菜单上只有售价为 15 美分的汉堡包、薯条、软饮料和奶昔。这些奶昔是由克拉克销售的多功能搅拌机制成的。

克拉克出生于男性平均寿命只有 46.3 岁的 1902 年。从统计学上来讲，52 岁的克拉克应该已经躺在坟墓里了。然而当时他刚刚开始成为世界上最伟大的企业家。研究表明，全世界婴儿的第一句话不是“妈妈”或“爸爸”而是“麦当劳”。

我们比生活在互联网时代之前的雷·克拉克更有优势。我们不需要太长时间就能取得重大突破——我们有让你更快成功的互联网解决方法。不管是 21 岁还是 71 岁，吃完晚饭后就可以开始迈上你的成功之路。虽然不会立刻成功，但我们有能力让它快点到来。还要记住的是，2011 年出生的人有望活到 100 多岁。我们有一个世纪的大好时光来创建我们的网络化遗产。

虽然我多方努力推广我的上一本书《颠覆：社会化媒体改变世界》，但目前为止最有效的是我上传到 YouTube 的几段视频。在一年的时间里，就有 100 多万人在谷歌上搜索“颠覆：社会化媒体改变世界”，这主要是由观看和转发这些视频的人所带动的。然而我集中精力对这些视频作了一些修改。因为这些特有的概念和对社交媒体工具的利用，在很短时间内就给这本书带来了很大的关注，这在互联网时代之前简直是无法想象的。

寻求激励自我的反馈

人们为什么想和我们接触？如果你不知道是什么原因，问一下你最好的朋友："你为什么要和我待在一起？你喜欢我哪一点？你觉得我有哪些地方需要改进？"他们回答了你的问题后，又反过来对你提出同样的问题，也不要感到惊讶。

很多人都很难问出这些问题，就把本书当成借口吧——告诉朋友你读的那本书需要做一些测试，需要问他们一些问题，并希望他们能帮你，这样你的朋友就很难拒绝了。今天就去问你的朋友吧——这类反馈信息非常珍贵。

我记得问妈妈"我最需要改进的是什么"时，我们正在划船。和多数人一样，她不太想回答这个问题，但我坚持要听到她的答案。最后她答应了我的要求："埃里克，你有很多想法和计划，但从来就没有实现过。"这就是我需要听到的、能够激励我前进的残酷真相。在我们谈话后的三个月，《颠覆：社会化媒体改变世界》终于要出版了，从那时起，我每天都坚持完成当天的任务。就像赛斯·高汀（Seth Godin）在《装箱》（*Poke the Box*）一书中所说的，我们必须养成"装箱"的习惯。

我希望你身边有人告诉你这个残酷的真相。问问你的密友，你的优势在哪里，你还有什么地方需要改进，这样才能帮助你找到自己的定位。威瑞森电信的朱迪·哈伯空说（Judy Haberkorn）："他们都叫我反馈女王。世界上最棒的事情是听到在乎你成功和幸福的人给你的真实反馈。有些人更有自知之明，但很少有人能看到世界眼中的自己。"

> 告诉朋友自己的过错是对他很大的信任，而告诉朋友他自己的错是更大的信任。
> 本杰明·富兰克林

把这种策略应用到公司管理中去。通过传统渠道和互联网方式接受反馈，不管它是在Facebook墙上的留言和请求、Twitter上对你产品或服务的评论，还是对博客上某篇文章的回应。认真考虑大家的意见，想想如何进一步满足他们的需求，怎样消除这些负面影响。利用公司的优势，在这些工具的帮助下，让你现在或潜在的客户感到满意。

作为引领者，一定要了解互联网领域的动态，还要知道客户、员工和同行对产品或服务的评价。听取他们的建议，寻找能提高企业竞争力的商机。

星巴克 CEO 霍华德·舒尔茨在国外旅行时，找到了星巴克的定位：

> 当我走进遍布于米兰和维罗纳当地的咖啡吧时，我就被折服了，原来一杯小小的咖啡竟能为人与人的交流铺路搭桥。从那一刻起，我就下定了决心，要将世界级的咖啡和意大利浓缩咖啡吧的浪漫播撒在美国这片热土上。

舒尔茨想，为什么不能提供一个专注于提供浪漫咖啡体验的地方。这是他在欧洲旅游时最喜欢的，他相信其他人也会喜欢。

和克拉克一样，舒尔茨在星巴克还很小的时候就将它买了下来，如今星巴克已经发展成为一个全球商业帝国。当你的星巴克或麦当劳出现时，一定要抓住机会。

忠于客户和核心竞争力才能成功扭亏为盈

本书既可以成为改变你人生或企业的催化剂，也可以作为你翻开人生新篇章的动力。同样，了解能够帮助企业扭亏为盈的 CEO 的成功之道也很有帮助。肯·罗宾斯（Response Mine Interactive 公司的创始人兼 CEO）给我讲述了下面的故事：

我在一次扑克比赛中遇到了一位同样热爱数学的人。我们两人一见如故。当我问到他的职业时，他只是回答："我是一个能够帮助企业扭亏为盈的CEO。"

这个回答确实引起了我的兴趣。能帮助企业扭亏为盈的CEO需要什么素质？很显然这个家伙很聪明，也很成功（他还赢了这场扑克比赛）。因此，我问他如何做到在短短的18～24个月里就让这些企业扭亏为盈的：

提问：你大幅度裁员了吗？是因为要缩小企业规模吗？

回答：不，通常我们不会裁员。我只会找出一两个不愿意接受变革的高管。开除这些不懂变通的高管，是因为他们会影响其他准备接受新计划的人。

提问：那一定是公司的运营了。你一定缩减了从物流到付款的运营流程。

回答：也不是这个原因。

提问：那是因为技术吗？你使用了新技术，淘汰了低效率的系统？

回答：不是的，我并没有这么做，这样无法获得持续的成功。虽然技术的确有所帮助，但并不是让企业扭亏为盈最快的方法。

提问：好吧，我放弃了，秘诀到底是什么呢？

回答：你肯定会大吃一惊的，因为答案很简单。我要求他们给我列出40～50个最好的客户。如果列不出来，就是一个严重的警告信号，必须先解决这个问题。大部分公司都能列出来。然后我会亲自拜访这些客户，问他们两个非常简单的问题——你购买了公司的什么产品？为什么要从我们公司购买？

我一直这样做，但令我惊讶的是，所有人的答案都很一致。

回到办公室后，我会马上将精力放在我们最好的客户购买的产品上，想清楚他们从我们公司购买这件产品的原因。他们从我们公司购买产品的原因不外乎以下几种：

a）产品的价格很合理；

b）客户服务；

c）发货速度；

d）再次订购的过程简单；

e）信任。

我们从上述这个故事可以得到的启发就是，必须将精力放在最好的客户想要的产品上，因为这也是新客户想要的。然后让公司员工集中精力改善这些产品和服务。这些产品或服务的定位有助于你的成功。忠于客户和核心竞争力才能让企业扭亏为盈。让企业扭亏为盈的建议和本书第一部分讨论的内容一致——成功人士和成功企业关注的都是简单化。虽然很多企业请不起这样的CEO，但想一下企业的优势和能力，想想怎样利用它们与客户打交道。客户最想要的是什么？你独特的优势是什么？

在另一个案例中，星巴克的创始人霍华德·舒尔茨在隐退10年后决定重新担任星巴克的CEO。他在《一路向前》中详细讲述了自己重归星巴克的原因。在星巴克的成长过程中，他们忽略了品牌的精髓，忽略了让公司如此成功的原因。他们不再忠于星巴克的价值，也就是不再忠于他们的顾客。他们丢失了让他们取得成功的定位。他们关注的不再是为顾客提供好咖啡和舒适的体验，而是开始销售音乐、DVD、书这些东西。这些东西分散了他们的核心任务，他们不再忠于最初让他们获得成功的东西。

这些失去的愿景最终导致星巴克利润的降低。舒尔茨回来后，没有寻找一劳永逸的方法，而是积极地将星巴克带回它初始的价值。在经历了艰难的两年后，星巴克在舒尔茨的领导下，重新实现了利润的增长。

做真实的自己，找到自己的定位

不管你的人生目标和职业目标是什么，都不可能一夜成功。在互联网时代，可以利用科技手段来加快我们成功的脚步，但仍然需要我们坚持不懈的努力。总的来说，我们要把精力集中在我们的优势上，然后再考虑如何改善。但是如果没有激情，就无法找到让我们取得成功的定位。在独一无二的技术的帮助下，我们有了更多的机会和选择。利用我们的优势，直面挑战，继续迈向成功。

> 必须有做真实的自己的勇气。
>
> 约翰·伍登

需要记住的是，找好定位并不断成长壮大（如麦当劳）总比从头开始要容易得多。这个观念对个人生活和职业生涯同样适用。在Facebook上取得成功后，再转到Twitter、StumbleUpon、YouTube、维基百科、Google+就容易多了。学习了代数、几何学和三角学后，微积分也不难学。找到你的激情所在，尽力提高你的管理技能，这样就能在互联网时代中取得成功。

第7章

个人的力量很强大

被很多企业家轻视的概念——激情才是最重要的。

星巴克创始人霍华德·舒尔茨

摇滚小子在创作《生来自由》（*Born Free*）专辑时，问传奇音乐制作人里克·鲁宾（Rick Rubin），他的新歌是不是太以底特律为中心了。鲁宾鼓励他不要减弱歌曲的故乡情结。鲁宾说："艺术家谈论非常私人的东西时，能让人产生共鸣的就是所传达的激情。"听摇滚小子哼唱《密歇根》就像是听斯普林斯汀唱《新泽西》：人们听到的是《底特律》，但是他们脑子里想的是他们自己的家乡。

正如听众能欣赏摇滚小子通过音乐分享的激情，你也应该分享你的激情，这样你的追随者也会欣赏它们。重要的是要懂得放手，不要认为我们必须把精力放在自己的事情上，也不要向别人透露自己的私生活。我说的私生活，并不是"无聊"和情意绵绵的感觉，而是让潜在的朋友和追随者，通过我们的激情来了解我们灵魂。比如说，喜欢终极格斗冠军赛（UFC）的你，却是郁金香花园的管理员，要负责发布关于如何照料郁金香的视频。尽管你把你对 UFC 的激情埋藏在心底，但你应该把自己对 UFC 的激情转化作对郁金香的精心照料上："为了确保郁金香的茁壮生长，看到边缘有棕色阴影时，一定要像前 UFC

冠军查克·里德尔那样，把它掰下来。”

传统世界的想法是不要透露与企业无关的私事。而如今在互联网的世界中有很多信息都被分享，员工、管理人员和同事一定会发现你内心的激情所在，因此你也应该去尽情释放你的激情。就像摇滚小子一样，你会发现这样做不仅有效而且有趣。人们不仅可以感受到你的激情，还迫切想知道你还对什么事感兴趣，即使这些事与你的工作和引领者职位毫不相干。

同样，你也需要找到追随者和潜在的朋友的兴趣爱好。如果有人发给你一条和你兴趣爱好有关的信息，一定要表示感谢。但更好的方式是花点时间来调查一下他的兴趣和背景。比如说，收到某个人发给你的 Twitter 消息后，可以点击他的个人资料——了解到他住在亚特兰大，喜欢吃烤肉。就可以这样回复他：“多谢美言，我向你推荐 Horseradish Grill 的烤肉。我很喜欢那里。”

不可告人的秘密

大多数人都不想让别人更多了解自己的兴趣爱好和私生活，尤其是在互联网领域。然而如果你适应了这种形式的分享，就会觉得它有益于你要完成的任何事情。

有些人很乐于分享，但他们也会有所保留。由于科技的进步，你的“密室”现在只有一扇玻璃门了。不管你是否接受互联网的世界，玻璃门都在那里。每个人都有不想让人知道的秘密。某种程度上我们都会有一些敌对的人。

这两种元素（“密室”和敌人）结合起来，网上就可能出现一些让我们不悦的内容（或者未来会出现）。解决这个问题的第一步就是要认识到，担心它只会造成不必要的压力。除非有人发明时光机，否则我们都无法回到过去改变那些事情。我们能做的就是从现在开始，过最好的人生。对于过去发生的事情或秘密，能做的就是弄清楚你最不想让人知道哪些事，并找到如果这些事情在网上曝光后的应对策略。

这个练习有助于减轻压力，只要你知道“最坏的”事情一定会发生，就能更好地处理它。当事情发生时，就可以执行准备好的计划。该计划的重点是不找任何借口，坦白承认错误。你应该积极努力地去减轻伤害。比如说有人在Facebook上上传了一张不雅照，你首先应该去掉照片上你名字的“tag”（标记）。操作很简单，只需要在Facebook上点击该照片的“untag”（去掉圈人）按钮即可。这也是拥有Facebook账号的原因，这样就可以通过他们发送的通知，了解他们发布了你的哪些信息。

还可以联系上传了照片的那个人，看看她是否愿意删除它（多数情况下都很管用）。但和这个人会面时要提高警惕，因为她有发布你不良内容的历史。最重要的是如果你一直过着美好的生活，那么当这些事情在被曝光之后，人们也有可能会因你对社会所做出的积极贡献而将其忽略。

维纳查克方式：从400万美元到5 000万美元

加里·维纳查克（Gary Vaynerchuk）的父母从俄罗斯移民到美国后，就在新泽西的斯普林菲尔德开了一家酒店。小加里对葡萄酒很感兴趣，他的父母允许他在他们的酒店里开一间小小的葡萄酒酒吧。加里的葡萄酒生意稳步增长。为了促进销售，2006年他决定开播一档网络节目，名为“葡萄酒图书馆TV”。加里在节目中与观众分享他丰富的葡萄酒知识。

我们都可以猜想到“葡萄酒图书馆TV”第一集的内容是：柔和的基调，

经过慎重安排的内容。一张精美的桌子上面放着一个锃光瓦亮的痰盂，旁边是三个整齐摆放的酒杯。作为节目的主持人，加里穿着一件黑色的毛衣，十指交叉叠放在桌子上。他平静地介绍该节目，以舒缓的语调开始讨论葡萄酒的优点。

对比一下“葡萄酒图书馆TV”第1集和第505集，很难相信这是同一档节目。锃光瓦亮的痰盂换成了贴有纽约喷射机队的痰盂，在几瓶葡萄酒之间还随意摆放着几个玩偶。加里用纽约喷射机队的球衣做背景，是因为他的梦想是有一天能够收购NFL的纽约喷射机队。他不断告诉（以葡萄酒为目标的）观众他对喷射机队的热爱，这听起来有点不合常理。和喜欢喝啤酒的人讨论职业橄榄球的话题不是更合适吗？这种反传统的品酒方法让维纳查克变得与众不同，而这正是观众所需要的。

卷起的袖子和加里右胳膊上的黄色吸汗带取代了更正式的毛衣。充当背景的黑板上写着“谁喜欢它”几个字。节目开始时，加里会把软木塞弹向摄像头，随后屏幕上会跳出节目的名称和集数，加里以激动的声音喊道：“大家好，欢迎来到葡萄酒图书馆TV，我是你们的主持人加里·维纳查克！VAYNIACS，跟着我一起喊我的名字。这是互联网上最富激情的葡萄酒节目！”

加里以振臂高呼结束开场。他把这集葡萄酒的酒香描述为女朋友周末在篝火上烤制巧克力和棉花糖回来后头发的味道。

加里找到了适合自己的节目形式，加里开始做真实的自己后，才有人观看这个节目。如果加里继续使用第1集中拘谨的腔调，那节目绝不可能做到505集，他也绝不可能卖出价值5 000万美元的葡萄酒。维纳查克发挥出了自己真正的才能；观众想要的是一个真实的加里，而不是典型的葡萄酒鉴赏家。加里就是不仅忠于自己还忠于观众的榜样。

如果仅仅依靠广告和工作室制作，那加里就不可能售出价值5 000万美元的葡萄酒。加里的成功，源于他强烈的激情和与观众沟通的能力。由于“葡萄酒图书馆”的成功，加里相继出版了《我用博客赚了 6 000 万》（*Crush*）和《感恩经济》（*The Thank You Economy*）两本畅销书。

互联网行为建议

学习使用快捷键

节约我们花在网络方面的时间非常重要，这样才能让我们拥有更多私人时间。我们使用的很多程序都有快捷键。今天花点时间学习一些常用的快捷键，将来就可以节约很多时间。

例如，要阅读 Gmail 中的下一封邮件，直接点击快捷键“n”即可；如果你使用的是苹果 MacBook Pro，点击 F3 就可一次打开所有活动窗口，这样你就能很轻易地在程序之间进行切换；如果你使用的是微软 Outlook，点击 <ctrl + r> 组合键即可直接回复邮件，而不用花时间通过鼠标点击“答复”；如果在 Windows 中打开了一页，点击 <ctrl + m> 组合键即可把该页最小化（或者是 <win + m> 组合键）。

即使只学会了几个快捷键，也会为你节约很多时间。同样重要的是，不要使用所有的工具（比如说，Flickr、Yelp、Gmail、雅虎、Twitter）。要使用你觉得最好用的工具。这有助于你更好地了解该工具。学习 3 个程序的快捷键要比学习 25 个程序的快捷键容易得多。

史蒂夫·乔布斯：领导思维的 9 个秘密

大家对乔布斯的去世深感痛心。乔布斯是当时市值最高的苹果公司的掌门人。当他去世的消息传来后，仿佛全世界都在为失去一位挚友而伤心，尽管很多人与他素未谋面，也会觉得自己了解他，对他的激情感同身受。就像世界上再不会有另一个苏格拉底、韦恩·格雷茨基、温斯顿·丘吉尔和甘地一样，世界上也再没有乔布斯。虽然我们永远无法成为史蒂夫·乔布斯，但我们可以像他那样跟随自己的内心。

我们还可以学习是什么让乔布斯成为让世人敬仰的引领者，怎样使用这些原则来帮助我们塑造引领者的角色。你已经看到其他引领者提到并流露出这些品质，在后面的几章中你还能看到其他引领者身上所具有同样的品质。你阅读以下总结的领导思维九大秘密时，一定要记住，私人的秘密并不是让你告诉别人你左肩上有一个刺青，而是让他们知道你人生坚持的激情和原则。人们一旦了解了这些信息后，就会变得强大。

1. 简化

乔布斯要求第一款 iPod 不要有任何按钮，包括开 / 关按钮。这个想法很难让项目组的工程师们接受，但乔布斯还是坚持这样做。工程师们被逼到了极限，于是就设计出了著名的滚动轮。乔布斯强调“这一直是我的一个秘诀——专注和简洁。简单比复杂更难，你必须付出巨大努力，才能化繁为简。但这都是值得的，因为一旦你做到了，就能创造奇迹。”

2. 说“不”的力量

不管是被他否定的众多产品还是获得巨大成功的产品，乔布斯都同样感到骄傲。他曾经努力研究一款类似于掌上电脑的设备，但随后就否定了它，并将注意力放在手机市场上。这个决定导致了 iPod 和 iPhone 的产生。

3. 资金并没有那么重要

创新与研发资金的多少无关。IBM 公司花在研发上的资金至少是苹果公司研发出 Mac 的 100 倍。这不是钱的问题。人才和领导他们的方式才是关键。乔布斯曾经说过：“成为坟墓中最有钱的人，对我来说毫无意义；晚上睡觉的时候，我可以对自己说，我们做了一件了不起的事情——这对我来说才是最重要的。”

4. 问题不在于你说什么，而在于你怎么说

乔布斯的主题演讲和产品发布会很吸引观众。他不在舞台上时，就好像失去了什么。乔布斯的产品不一定是市场上最先进的，但消费者却认为它们是。产生这种看法的部分原因是乔布斯对产品的严格保密。产品一旦面世，这种保密性就会激发消费者对产品的欲望。这就是关键点——感知成为现实。乔布斯成功的一部分原因就是基于这种理念——消费者渴望拥有幸福美满的生活。因此不要改变产品，你需要的是充实生活。

5. 能识别好点子

乔布斯和苹果公司没有生产鼠标、播客和触摸屏，但他们能够认识到自己的价值，并将这些创新整合到他们的产品中。

6. 大多数人都是错误的

乔布斯的行为充分地说明了一句老话：如果多数人都是正确的话，那我们就都是富翁了。在他之前，亨利·福特就说过："如果我问人们他们想要什么，他们就会说一匹跑得更快的马。"乔布斯通常会避开焦点小组，给公众提供他认为他们所需要的产品。这种方法大多数时候都很管用，但它不起作用时，就有可能导致他在下一个项目的失败，这样就只能自食苦果了。正如乔布斯所承认的："向那些疯狂的家伙们致敬，他们特立独行，他们桀骜不驯，他们惹是生非，他们格格不入……因为只有那些疯狂到认为自己可以改变世界的人，才是真正能够改变世界的人。"

7. 吃自己的午餐

硅谷流行着一种说法，"最好在别人替你吃掉你自己的午餐之前解决掉它。"乔布斯用引入 iPhone 的方法——"吃掉了他自己的午餐"，虽然他清楚 iPhone 会影响 iPod 的销售。放手熟知的东西去追寻未知才是对互联网时代领导思维真正的考验。

8. 追求完美

在第一家苹果专卖店开业的前一晚，乔布斯因为不喜欢地砖的样式而全部替换了它们。在 iPod 发布前夕，乔布斯还更换了所有的耳机插孔。

9. 小团队

乔布斯不希望 iPhone 团队被手机市场先入为主的观念所迷惑，因而将该团队放在一个独立的环境中。虽然他惹恼了一些员工，但结果是不可辩驳的。Macintosh 团队最初有 100 个成员。当达到 101 个成员时，他们不得从团队中剔除一些人。乔布斯的信念是他只能记住 100 个人。

爱迪生追随自己的“光芒”

追随激情、坦诚人格的另一个例子是托马斯·爱迪生。他的名言是：“我的母亲养育了我。她了解我，她让我追随自己的梦想。她如此信任我，我有必须完成的目标以及不能辜负人。”

> 我一生中从没有一天觉得自己是在工作。所有这一切都只是我的兴趣所在。
>
> 托马斯·爱迪生

大家都认为是爱迪生发明了白炽灯。但实际上他只是完善了它。爱迪生于 1931 年 10 月 18 日去世。记者守候在他家外面，等他妻子打开灯，这是他们约定的信号。这就是我们应该努力实现的遗产。只要我们追随自己的激情，并将这些激情传递到是世界的各个角落，总有一天能拥有这种遗产。

信任是必须的

当你向别人展示你的人格时，他们会更信任你。但一定要值得信赖。要在其他人面前公开你的秘密和错误，卸下你肩膀上的重担。如果你不坦白承认错误，很可能发生：

1. 压力会让你尽力隐藏它们；

2. 它们最终会在不可控的情况中被揭露；

这是两败俱伤的局面。真相会让你得到解放。在百老汇音乐剧《Q大道》（*Avenue Q*）结束时，主角终于发现，幸福人生与金钱无关，也与拥有美人无关，让别人感到快乐才是最幸福的。百老汇音乐剧与现代领导思维又有何关系？答案是互联网时代的透明性要求我们过好自己的幸福人生，只有这样才能有效地领导他人。否则，我们在YouTube上的形体语言，在播客上的语音语调，在Twitter的语气都会影响我们作为引领者的效率。

发现你的优势

布赖恩·哈利根（Brain Halligan）和大卫·米尔曼·斯科特（David Meerman Scott）在《从伟大的死亡中学到的营销课》（*Marketing Lessons from the Grateful Dead*）一书中建议，管理人员要确定企业的优势和劣势是什么。如果无法确认这一点，那企业就无法脱颖而出。在你为成为互联网时代的引领者，确定你自己的人生印记时，也可以使用同样的方法。

> 我只是一个忠于自己信仰的普通人。
>
> 约翰·伍登

确定在哪方面具有优势的一种方法是假设你正在参加益智节目《危险边

缘》，你可以选择任何一种主题。你会选择哪种主题？印度洋潜水，还是 PHP 电脑编程，或者是尼日利亚音乐？你选择的主题就是你认为你的优势所在，很可能也是你自己最感兴趣的内容。假如要你在没有任何参考资料的情况下，一个小时内写一篇 5 页的散文，你会选择哪种主题？你的选择便是你的优势和兴趣所在。

记录你在这几天做的所有事情：使用视频或录音，把你的所作所为记录在智能手机或平板电脑的备忘录里；也可以把它们记录在随身携带的卡片上。然后回顾一下你记录的内容：多长时间做一次自己喜欢的事情呢？可以不做自己不喜欢的事情吗？如果可以，就不要做。

现在写下你的优势。把它和你喜欢的日常活动放在一起。如果你足够幸运的话，这两件事情会是相同的。然而如果你喜欢的事情并不是你的优势，你能将它变成你的优势吗？不要气馁——比尔·沃尔顿、芭芭拉·沃尔特斯和卢·霍兹并非一夜之间就成为成功的播音员。他们三位要么是有明显的语言障碍，要么有让他们无法从事这个职业的口齿不清。他们知道激情是克服障碍的灵丹妙药，他们最终克服了挡在他们面前的障碍，成为成功的播音员。

> 用对方听得懂的语言与他交流，他会记在脑子里；用他自己的语言与他交流，他会记在心里。
>
> 纳尔逊·曼德拉

企业还是个人

“是企业还是个人”这个问题已经过时，因为在互联网时代它们已经成为一回事。最近某个公司的总经理问我，把销售人员的个人 Facebook 主页印到名片上是不是一个好主意。我问他为何会有这种想法，他回答说销售团队的好几个人这样要求。我猜想他们之所以这样做是因为他们认为这可以帮助自己提高销售业绩。他同意我的看法。对我来说，这完全符合逻辑，因为个人是很强大的。

我们之所以从人（而不是商标）手中购买商品，是因为我们相信或喜欢他们。提高信任的一种好方法是让他更了解你。我告诉那位总经理，他应该对他的销售团队进行一些互联网培训（以免他们掉入某些陷阱），然后把他们的Facebook主页印在名片上。

人生印记

斯蒂芬·霍金

斯蒂芬·威廉·霍金于1942年1月8日（伽利略去世的300年后）出生在英格兰的牛津。

他的专业是物理学和宇宙学。他的科学著作和公开露面让他成为享誉全球的学术名人。他还是英国皇家学会的院士。2009年他获得了“总统自由勋章”，这是由美国政府颁发的最高公民奖。霍金教授拥有12个荣誉学位。

霍金获得这一切成就的同时，患有会使肌肉萎缩的卢迦雷氏症。霍金在21岁时不幸患上这个病。当时医生预测他最多活3年。霍金逐渐丧失了胳膊、腿和声音能力，现在他几乎完全瘫痪了。装有专用软件的轮椅便携式电脑和语音合成器让他可以继续传播他的天赋：

我试着像正常人一样生活，不会为自己的病况忧心忡忡，也不会为自己因病不能做的事情而遗憾不已——实际上这类事情并不多……尽管我的未来笼罩着乌云，我还是过得比以前更有滋味。我的研究开始有了成果，并与一位叫简·怀尔德的女孩订了婚……订婚赋予了我生命的意义。卢迦雷氏症几乎贯穿了我成年后的所有时光，但这没能阻碍我获得幸福的家庭生活与事业上的成功……我一直比较幸运，我的病情发展得比他们缓慢。我的经历表明，一个人即使屡遭不幸，也不必灰心丧气。

斯蒂芬·霍金有三个孩子和三个孙子。

互联网行为建议

用视频代替说明书

不喜欢阅读说明书？那就到 YouTube 上观看视频演示——上面有你需要的所有内容，例如包括如何打开相机的自动闪光，如何制作宜家（IKEA）家具。和说明书不同的是，这些视频会快速解释最重要的部分，而且越来越个人化。视频尤其有助于视觉化学习。和那些用三种语言编写、难以理解的、长达 50 页的说明书相比，视频更有效，也更有趣。

人生有无限可能

忠于自己激情的人更容易克服障碍。华盛顿港威斯康星州的玛蒂·麦克加里（Mardy McGarry）就是一位忠于自己激情的典范。作为一名 52 岁的特殊教育教师，她总是为她的残疾学生担忧，游乐场的沙子和楼梯总是会挡住和卡住他们的轮椅。她的梦想是修建一个所有孩子都能去的游乐场。

市政府捐赠了项目用地。他们估计至少需要筹集 45 万美元用于购置材料。很多家庭买来价值 30 美元的木桩作为防护栏；铺设人行道每块砖的价格从 50~750 美元不等；一位女士甚至捐赠了 2.5 万美元，并让她的公司配合这个项目。在经过远距离行走和静默式拍卖后，麦克加里筹集到了 45 万美元。但她又听到一条令人失望的消息，那就是实际建造费用还需要 90 万美元。

麦克加里并没有被此吓倒，她凝聚起整个小镇的力量。两名女士从广播里听到这个项目即将开工，就请假前来帮忙。孩子们帮忙打磨地面和叠放小木块。一对 80 岁高龄的夫妇开来了他们的工具拖车。志愿者们根据各自的经验和能力将这些工作分成不同的组。当地的餐馆和教堂为志愿者们捐赠饭菜。超过 2 800 人（约是镇里三分之一的人）都伸出了援手。麦克加里说："这里人头攒动，热火朝天。大家都是这座游乐场的主人。”

正是因为玛蒂·麦克加里的激情和梦想，所有的孩子都能在这座游乐场里玩耍，坐在那里可以直接俯瞰密歇根湖。潜力游乐园（Possibility Playground）已经成为奥佐基县最热闹的地方。如果你能将自己的激情和目标告诉别人，那么你的人生就会有无限可能。

金钱、幸福感和激情

发表在《美国科学院院刊》（*the National Academy of Science*）上的两篇关于自我满意度和整体幸福感的研究论文表明，当个人的薪水达到 7.5 万美元后，他的整体幸福感就不会随着薪水的增加而提高。因此如果你的年薪超过 7.5 万美元，即使赚更多的钱也不会提高你的幸福感。因此，最好将精力放在其他地方。

研究还表明，如果你的年薪不到 7.5 万美元，薪水的增加就会与整体幸福感有关。但我仍然建议你将激情放在金钱之外，因为追随你的激情可能是让你年薪超过 7.5 万美元最好的方法。

未来掌握在你自己手中。
苏斯博士

蒂姆·费里斯一针见血地评价道：“假设在你人生当中最年富力强的时候从事着自己并不喜欢所的工作，那这就意味着从一开始，你就失去了成功的希望——这样的牺牲完全不值得。”简言之，如果我们都期待着退休那一天的到来，等到我们年老力衰时，才开始真正“享受生活”，这也正是费里斯所反对的。我们生活在当下，而不是明天，如果我们追随自己的激情而做着自己喜欢做的事情，那么退休永远都不会到来。要记住，激情的作用是很强大的，它能帮助作为引领者的你度过充实的一生。

成为互联网时代高效引领者行动指南

* 知道自己想成为什么样的人，其他的一切都是次要的；
* 如果你不知道自己对什么感兴趣，就每天花5分钟时间记录发生在自己身边积极的事情，详细记录它让你这么开心的原因；
* 在网上分享这些积极的思想——世界需要积极的影响。每天记录让你快乐的事情，你就会发现你真正的激情所在；
* 成功是一次选择，但它并非一夜就可以获得；
* 在每日任务下面，写下两件当天发生的让你感到快乐的事情；
* 成为全能型人才已经是一种过时的理想，会阻碍你的发展，一定要关注自己的优势；
* 在世界紧密连接的互联网时代，重要的是要了解你的观众；
* 健康的态度 = 健康的身体；
* 让别人知道你的激情和私生活很有用；
* 研究表明，年收入超过7.5万美元后，收入的增加无法提高你的幸福感；
* 有时人生最快的失败方法是少年得志和轻易获得成功；
* 做自己喜欢的事情，永远都不想退休。

ACT

法则3

行动力

迈出第一步

1. 做一名果断的引领者；

2. 增加失败的次数：在失败中前进、迅速失败、更好地失败；

3. 利用惯性：有行动力的人永远都会保持他的行动力。

SIMPLE简化：成功是简单化和聚焦化的结果

TRUE忠诚：忠于自己的激情

ACT行动：不行动的话什么都不会发生——迈出第一步

MAP路径：获得成功所需的目标和愿景

PEOPLE人才：互联网时代，仅凭一己之力无法取得成功

第8章

做一名果断的引领者

实践出真知。

雷尔夫·瓦尔德·爱默生

我们都知道，互联网时代前进的步伐越来越快，然而这种速度会让我们变得不知所措，让我们无法过自己想要的生活，无法在有限的一生中实现我们的梦想。让我们无法快乐的根本原因是做事的不果断。在互联网时代做事犹豫不决、不果断，就相当于要背上一头大象，进行 100 米冲刺。不果断的原因大多是因为我们对失败的恐惧。但我们的恐惧和不果断又都是自己造成的。因而我们应该自己去解决这些问题，以开启更幸福、更充实的人生。这样才能成为一名合格的引领者，才能有资格去帮助别人解决他们自身的不果断。本章的重点就是让大家更深入地了解不果断所带来的影响，以及如何根除它。

优柔寡断的代价

在长达 5 年的研究中，研究员皮尔斯·斯蒂尔（Piers Steel）发现 95% 的人都会拖延。斯蒂尔在报告中这样写道："和那些立即采取行动的人相比，拖延症患者往往不太健康、富有和幸福。这个坏习惯还会影响他们的朋友、家人和同事。”拖延税务申报的美国人每年总计要付出 4 亿美元的代价，而这都是因为匆忙引发的失误造成的。在互联网时代更容易拖延。斯蒂尔说：“对‘拖拉机’而言，网络就像是不停地吃着冰激凌减肥一样。”

现在就作出决定——如果这是错误的决定，稍后改过来即可。加里·维纳查克及其“葡萄酒图书馆 TV”的成功就是对此最好的证明。他就是“在失败中不断地前进”，才获得如此的成就。他并没有坐在父母的酒馆中，憧憬着完美的“葡萄酒图书馆 TV”，而是开始了不断完善节目的旅程。由于他在失败中不断前进，销售额最终从 400 万美元上升到 5 000 万美元。因此所有互联网时代的引领者都要掌握的一条法则是：迅速作出决策，不要害怕失败，大多数情况下，你都能从失败中学到经验。

关于小问题的决策：来自 MIT 的形状实验

《纽约时报》专栏作家约翰·提尔内（John Tierney）和麻省理工学院的认知心理学家和行为经济学教授丹·艾瑞里博士（Dan Ariely）在 2008 年的一项研究表明，人类将太多的时间花在了小问题的决策上。形状实验是其中的一个游戏，参与者被要求在两个不同的形状间作出选择（比如说哪种形状更大），然后对做出正确猜测的参与者给予奖励。有上千人参与了这个游戏。某些情况下，参与者需要在两个大小相似的形状之间作出选择——面积差不超过 2%。其他情况下，他们需要在面积差超过 25% 的形状间作出选择。游戏是计时的，因此参与者需要在规定的时间内尽可能地多完成一些判断。

然而参与者却在无多大影响的决定上苦苦思索——对成绩产生负面影响，从而导致他们无法多完成一些实验。艾瑞里博士说，他们将 64% 的时间用于在相似的形状间作出选择，在不同的形状间却只花了 36% 的时间。艾瑞里接着解释道，如果参与者能考虑到时间成本，那他们的得分可能会更高。也就是说，他们应该快速在大小相似的形状间作出选择，进而增加用于大小明显不同形状选择的时间，以提高他们的得分。

提尔内指出，最好把时间用于更大回报的决策——形状的大小完全不同。然而大多数人正好相反——94%的人将时间花在相似的选择上，即使他们最后的决定仍然是错误的。

艾瑞里博士表示，现实世界中的决策者最好能好好学习这一课。现实世界中的人更容易将时间浪费在不重要的决策上，因为他们的选择和后果不如游戏中这么清晰。艾瑞里博士在《怪诞行为学》一书中引用了这种现象的一个真实示例：

> 我有个朋友，在两款性能与价格相似的数码相机之间挑来挑去花了三个月。最后他终于买了，但是我问他，三个月里他错过了多少宝贵的拍照机会，选来选去浪费了多少时间，雇人来给他的家人朋友拍照要多花掉多少钱。他说花的钱比买这架相机还多。你有过这样的经历吗？我的朋友在关注两种选择之间的细微差别时，偏偏没有考虑到犹豫不决所带来的后果。

当提醒MIT形状实验的参与者作出小决策所付出的代价时，他们就能够提高得分。然而现实生活中并不会有专家告诉我们，如何在决策时提高时间的利用。

GMAT

形状实验让我想起了我人生当中的一个小插曲。在准备GMAT考试（申请顶尖商学院所必需的考试）时，我参加了卡普兰考前冲刺课程。上课的第一天，他们就对所有学生进行了一次GMAT“模拟”测试。包括我在内的多数学生都没有在规定的时间内完成测试。这是很大的“禁忌”。

当时 GMAT 的得分取决于你正确答案的数量，即使答案错误也没有任何处罚。卡普兰讲师强调了回答所有问题的重要性，不要让自己被任何一个问题卡住。他们强调“标记”你不确定的问题，完成所有题目后，如果还有时间再返回检查这些问题。这个建议大大提高了我们在实际考试中的成绩。我们当中又有多少幸运儿能把这个技能应用在日常生活中呢？

机会是自己创造的。
约翰·F·肯尼迪

“当断不断，必受其乱”这句谚语可能更适用于当今世界。互联网时代引领者的典范理查德·布兰森（Richard Branson）并不会被注册新工具（如 Twitter）账号可能会发生的坏事吓倒。他会立刻注册账号，并开始使用这类新工具，如他在 Twitter 上发文：“从大白鲨到太空港开幕式 @virgingalactic。忙碌的周一，好好享受周末吧！”他目前已经有了 140 万追随者。无法果断决策的人是不可能成为引领者的。你的追随者都在寻找鼓励和方向，他们不想在人生的道路上迷失——这也正是他们追随你的原因。而现实生活中大多数的决策都是小决策，不果断的代价比做错误的选择还要大。

互联网行为建议

行动工具箱

下面是我从各方搜集到的一些关于如何把事情做好的建议。

Lifehacker.com 的莱恩·瓦格纳（Ryan Wagoner）建议每 25 分钟开始一项新任务或被你推迟的任务。他表示，25 分钟几乎可以完成任何事情。其他人建议更短的时间间隔，如 10 分钟或 5 分钟。技术的不断更新让我们能够在短时间内完成任务，但你必须开始行动才是关键。

加拿大卡尔顿大学的心理学博士蒂莫西·皮切尔（Timonthy Pychyl）建议，把任务分解成更容易管理的小任务。比如说用“花 25 分钟时间在网上研究汽车”来代替“买一辆新车”的任务。或者用“购买在线 TurboTax 软件”来代替“交税”任务。皮切尔还建议避免“用规划代替实际行动”。一定要把要完成的目标分成具体的步骤。千里之行，始于足下。

网上有免费的时间管理工具，可以在你随意浏览网页时，提醒你回到自己的任务。

可以在stick.com这类网站上公开你的目标，还可以设置没有按时完成任务时，你愿意支付的金额（通常用作慈善捐赠）。甚至可以选择裁判和虚拟啦啦队。内在的压力可以促使人们完成各种目标。

有人发现一种特别管用的方式：在Twitter、Facebook或LinkedIn个人资料中发布有损于自己形象的照片，在完成目标后再删除它。

让某个朋友定期给你发短信，或在你的Facebook上留言，询问你是否按时完成了你告诉他的任务（比如邮寄圣诞贺卡）。任务越公开，你完成得就越好。

说出你的观点：阿比林悖论

管理专家杰瑞·B·哈维（Jerry B.Harvey）发表了一篇名为《管理中的阿比林悖论和其他思考》（*The Abilene Paradox and other Meditations*）的文章。全世界都会给研究生讲述著名的“阿比林悖论”故事。哈维的趣闻甚至被拍成了电影。

故事的基本情节和教训如下所示：

一个炎热的下午，在得克萨斯州科勒曼，一位男子和他的妻子以及岳父母坐在门廊里，舒适地玩着多米诺骨牌。岳父提议去阿比林的一家餐厅吃晚饭。妻子附和道：“这真是个好主意！”尽管男人觉得这个主意很疯狂，因为他们需要从炎热的得克萨斯驱车53英里，但他觉得没有反对的必要，因此他也附和了该建议，他说：“听起来很不错。我希望岳母也想去。”他的岳母回答说：“我当然想去。我很长时间没去阿比林了。”

于是他们开车向北行驶，天气很热，一路上满是灰尘，旅程单调乏味。到达阿比林后，就挑了一家餐厅享受他们的晚餐。但晚餐和他们的车程一样乏味。吃完晚餐后，他们就驱车回到了科勒曼，这时的他们筋疲力尽，燥热难当。

岳母不诚实地说：“真是一次很棒的旅程，是不是？”虽然她宁愿待在家里，但因为其他三个人看起来都很热情，所以她也跟着去了。男人说：“我宁愿在门廊里玩多米诺骨牌。我跟着去只是不想要你们失望。”妻子说：“我只是为了让你们开心。我觉得在这种天气出门简直就是疯了。”岳父说他建议去阿比林的原因是，他怕他们会无聊。

于是他们为这趟由大家共同决定的而没人真正想去的旅程后悔不已。每个人都宁愿待在家里，舒适愉快地享受午后，但他们在决策时却都不愿意表明自己的真实想法。

关于哈维趣闻有很多种解释，但本书的重点在于你必须作出决定，说出自己的看法——通常不容易做到。想一下上述故事中岳母的位置：她是决策树的最后一环。我们有多少人扮演着这样的角色？觉得顺应大家的意见很礼貌。想想有多少次你对自己说：“我不想破坏大家的兴致”或者“如果我说出自己的想法，那他们一定会认为我是个怪胎。”

要记住，这个故事是在简单的背景下发生的。在充满了无数选择的当今社会中，更有必要直接诚实地说出你自己的看法。看看我们在这个时代中可能做出的众多决策。现代的阿比林悖论可能会涉及到更加开放的多媒体。我们可能不会玩多米诺骨牌。我们的问题可能不再仅限于待在家里还是开53英里的车到小镇外面的餐厅吃饭，还是在达美乐比萨店订餐？我们应该看现场直播或3D高清电视转播的比赛，还是与千里之外的人视频聊天？你有无数种选择。

直接说出自己意见的一种更简单的方式是学会如何在不让人看出自己不满的情况下，陈述自己的观点。

如果让岳母重新回到这种状况，她应该这样说："对我来说，最重要的是和你们在一起，这样我就会感到快乐。我想待在这里。我觉得去阿比林的路程很长，天气又这么热，我们还是待在这里比较好。但如果你们都想去阿比林的话，那我也很乐意和大家一同前往。"

注意她并没有说："真是个馊主意"或"我不这么认为"。她只是说出她自己的观点，说明对她来说什么是最重要的（"和你们在一起"），同时让她身边的人觉得舒服（"和你们在一起很快乐"）。她承担了积极的领导力角色。

下次组织会议时，一定要让大家愿意说出他们真正的想法。福特汽车的CEO艾伦·穆拉利讲述了一个与该观点直接有关的故事。他希望与高管们进行进度更新会议时，能够让数据变得更易于识别。高管们需要用绿色（按时完成目标）、黄色（可能需要在下次会议上才能知晓结果）和红色（在规定时间内没有实现目标）来汇报近期的项目。在刚开始实行这个政策的几次会议上，每个人标注的都是绿色，这让穆拉利有点困惑，因为福特聘请他作为CEO的主要原因就是公司业绩下滑，急需转变。

在接下来的一次会议上，有人很忐忑地用红色标注了一些项目。穆拉利是怎么做的？他开始鼓掌。在下次会议上，几乎所有高管的报告都标注了红色。穆拉利从那时起就知道，他们可以取得进步，因为员工不仅愿意陈述他们的工作（即使结果不太好），而且他们相信自己能够解决这些问题。作为引领者的穆拉利成功地应用这些开放式的、快速制定出解决问题的策略。

你从来没有听到有人这么说："我真的很尊敬那个人，他似乎同意我所说的一切，但我从来不知道他真正的想法是什么。他真是一个好人！"但你肯定经常能听到："尽管我不是很喜欢她所讲的，但我很尊敬她，因为她总是能说出自己的想法。”

因此，让做决策和说出自己的观点成为一种习惯。如果这样做的话，只有意外情况（而不是惯例）才可能让你偏离目的地。

个人决策与优柔寡断

我想起自己职业生涯中的一段经历，当时我是旅游族（Travelzoo）公司的营销主管。我们的核心产品是每周一次的“Top 20 精选特惠”电子简报，这是一份关于一周内最佳的 20 个旅游优惠方案的简报。我们在考虑如果想让公司继续发展壮大，是否需要将它转换为 Expedia、Orbitz 或 Hotwire 等网上订票的模式。

这个想法很可能会增加我们的利润，让我们有更大的控制权，而不再依赖有足够多客源并愿意为我们公司推荐的“Top 20 精选特惠”付费的旅游公司和在线旅行社。公司创始人兼 CEO 拉尔夫·巴特尔（Ralph Bartel）带头做出决策——继续沿用我们现有的核心商业模式。公司并没有因此做出根本性的改变，而是在多个海外市场（如欧洲、亚洲等）拓展了这种模式。从那时起，旅游族的订阅用户就从 800 万增加到了 2 200 万。这无关决策的正确与否（正确），而与是否做出决策本身有关。公司领导清楚地知道这个决策能让员工将精力集中在他们的使命上。

> 就算是大胆果断的决策有一定风险，也要比经过长时间思考、正确但为时已晚的决定好得多。
>
> 玛丽莲·莫次·肯尼迪

通过做出这个艰难的决策，拉尔夫·巴特尔成功地成为了一名具有互联网思维的引领者。如果他最终决定复制 Orbitz 商业模式，那么用不了多久，他就会发现这并不是一个好主意，他可能需要花几个月或几年的时间来承认错误并重新调整公司方向。成为具有互联网思维的引领者的关键在于果断地做出决策。

德克斯户外用品有限公司的CEO安吉尔·马丁内兹（Angel Martinez）也需要做出一个艰难的决策。尽管最初公司的UGG品牌定位在女鞋类市场上，但马丁内兹看到了该品牌在男鞋类市场中的无限商机。然而这一转型会很艰难，因为它可能会伤害UGG在女性市场的定位。但马丁内兹和他的营销团队没有丝毫犹豫，而是积极地与汤姆·布拉德（Tom Bardy）一道采取了行动。尽管这一决定很有风险，但他们的冒险最终得到了回报，在开始进入男鞋市场的2011年，德克斯的股票就从每股56.75美元上涨到了每股118.53美元。

在互联网时代，坚决果断有助于我们成为引领者。如果我们不能果断决定自己想要什么，不能决定要留下什么样的印记，那我们很快就会被这个时代所遗忘。

第9章

快速失败，再尝试，就算失败也要失败得更好

我从失败走向成功。

托马斯·爱迪生

人生最大的错误就是因害怕失败而停滞不前。无所作为的代价要远远大于让我们所恐惧的失败。将任务或事情延迟会带来情感、经济和身体上的压力。如果每天早上都抱着最好一整天都不要面对挑战的期望起床，那你一定会感到失望。必须时刻做好迎接挑战的准备，而不是逃避它。每天都一帆风顺地生活会很无聊，从长远看，挑战会让我们变得强大、更聪明，让我们成为更出色的引领者。

把挑战看成能让我们提高并发挥出最佳状态的机会，我们应该珍视它们。正如准备拼字比赛时，我们并不会去复习简单的单词，而是会去复习那些较难拼写的单词。在日常生活中我们更应该应用这种方法，精神饱满地迎接一切挑战。

很多时候，我们都不会试着从经验中学习，要么无奈地放弃，要么是被失败打倒，从而忽略了将潜在的新知识应用在未来的计划中去。因此，我们必须快速失败，然后再尝试，就算失败也要失败得更好。我们需要在失败中汲取教训，并不断朝着互联网时代成功的方向前进。

直面互联网革命中的挑战

将项目分解成小的任务，这样就算我们失败了，也不会耗费大量的时间和金钱，也不会出现大问题（迅速失败）。这种方法允许我们做更多实验，这在当今互联网时代至关重要。亚马逊的创始人兼 CEO 杰夫·贝佐斯使用这一概念，成功地将亚马逊打造成了全球商业帝国。

贝佐斯想改变图书销售行业，因此在亚马逊网站推出的前期和过程中，他征求了出版行业很多专家的意见。他承认亚马逊也曾因拒绝好的建议而犯过错。他指出有些错误（例如刚开始时就上很多书，而不是关注畅销书）在短期内可能会带来不好的影响，但从长远来看这将是适得其反的最给力的“错误”。贝佐斯说：“我们征询意见的所有人都善意地提醒我们不要这么做。我们也曾收到过很多好建议，但我们没有听，这是我们的错误。但这个错误却最终成为对公司最有利的事情。”

贝佐斯表示：“我们愿意去走那些黑暗的道路，在那段路上，偶尔能发现一些真的行之有效的东西。”他甚至在产品实验和会议中也会分解任务。他还提出了著名的“两个比萨”会议原则（即与会人数不能多到两个比萨饼都不够吃的地步）。

当亚马逊决定推出“最有用的好评”和“最有用的差评”功能来对用户评价排序时，很多人都表示很担心。他们担心“最有用的差评”会大幅度减少亚马逊的销售额，然而亚马逊对这个功能进行了测试，发现它对用户很有帮助。这个功能大受欢迎，所有人都在使用它，有人估计这个功能为亚马逊增加了 27 亿美元的年利润。

积极的的网络化沟通

互联网革命加快了人们生活中的变化和挑战。从微观角度来看，你每天要收到并回复多少条网络化消息。有多少人害怕看到语音邮件或收件箱里的 100 封电子邮件？我从前也是这样的，直到我决定改变我的态度，并换一种看问题的方式。

> 人生要不然是一场大冒险，要不然就是一无所有。
>
> 海伦·凯勒

首先要记住，我们应该对尊重我们的人希望听到我们的建议这件事而感到高兴，因为有人愿意花时间来和我们交流。不要想你能从这个世界得到什么，而是要多想想你能回馈给世界什么。不管是短信、博客、电子邮件还是其他，把对这些网络化沟通的回复看成我们回馈世界的好机会。我们不必回复或回馈所有人，但一定要帮助其中的某些人。

积极的非网络化沟通

对于新时代的引领者来说，非网络化沟通仍然十分必要。相同类型的特征和价值应该被应用到界限越来越小的“网上”和“现实”生活，网络化和非网络化沟通已经越来越相似。当然面对面的沟通仍然十分必要。

如果在我做主题演讲时没有问答（Q & A）环节，我就会感到很失望。我为什么这么喜欢问答环节？除了能与别人互动之外，它还能给我带来挑战。可能会有我从来没有想过的问题，也有我不知道答案的问题——但观众中有人知道答案。这些极具挑战性的问题有助于增长我和其他观众的见识。

能量的浪费

我们害怕执行的任务通常是首先应该处理的任务，因为它往往是最重要的。而且如果你的脑子里一直有事，那就是对能量的浪费。想想上大学的时候。如果你提前几天就完成了周一要交的论文，那周末的时候踢踢球，和朋友聚聚会显得格外地惬意。

《最后的演讲》(*The Last Lecture*) 一书的作者兰迪·鲍什教授（Randy Pausch）在罹患胰腺癌去世的前几个月，也曾在弗吉尼亚大学与同学们分享了类似的建议："如果你有一堆事要做，就先做最难办的。有道是'要吃个青蛙，就别先花一大堆时间看着它。要是吃三个，就先别吃最小的'。"

今日事今日毕，没有"乌云密布"的人生是多么令人愉快。

快速失败，在失败中前进，就算失败，也要失败得更好

托马斯·爱迪生的老师曾评价他说："太笨了，什么都学不会。"爱迪生还曾被解雇过两次。在成功发明电灯泡之前，他做了 1 000 多次尝试。然而爱迪生没有将它们看成 1 000 次失败，而是在失败中继续前进。他打趣地说道："我没有失败 1 000 次。电灯是在经过 1 000 步后被发明出来的。"电灯的发明可以概括成"就算失败，也要失败得更好"的理念。什么是迅速失败、在失败中前进和就算失败也要失败得更好？

* 快速失败：将项目分解为允许更多实验的小项目，这会带来更多成功的机会；
* 在失败中前进：从失败的案例中学习经验教训，然后继续前进；
* 就算失败也要失败得更好：增加我们学识最好的方法是增加我们失败的次数。

让我们用"放风筝"这个简单的例子来诠释一下这些失败。

简

妈妈给了女儿简一只风筝，并让她出去放飞这只风筝。

第一天（风雨交加）：简看了看窗外，决定等一天再去。

第二天（雨天）：简看了看窗外，决定再等一天。

第三天（晴天）：简走到屋外，将风筝放在地上，5 分钟后什么事也没有发生，她转身回到了屋里。

第四天（寒冷多风）：简走到外面将风筝放在地上，风筝被风吹起来了。她决定任它在空中自己飞行。而风筝只飞了几秒钟，就掉到地上。简觉得自己的手指头都被冻住了，于是她跑回了屋里。

> 小心谨慎地生活就像是踩着刹车驾驶。
>
> @奎尔曼

第五天（多云有风）：简走到外面将风筝放在地上，风筝被吹起来了。她决定再次把它扔到空中，结果风筝缓缓飘落到地上。她又试了几次，然后沮丧地告诉妈妈：所有的方法都试过了，但是风筝根本飞不起来。

霍普

另一位母亲给了女儿霍普一只风筝，并让她去放飞这只风筝。她还告诉女儿每天都要试一下，并记录下每天的进展。

第一天（风雨交加）：霍普把风筝带到外面并记录道："今天无法放飞，但我注意到，有风时，风筝会离开地面一点点。但风筝被淋湿时，即使有风也无法起飞。"

第二天（雨天）：霍普把风筝带到外面并记录道："今天还是无法放飞。但和第一天不同的是，风筝一整天都没有任何反应。看来，风一定是至关重要的。第一天风筝被雨淋湿后变重了，也许风是从风筝下面升起来的。"

第三天（晴天）：霍普把风筝带到外面并记录道："如果把风筝铺在地上，

它是不会自己飞起来的。即使把它捡起来，它还是飞不起来。我认为风绝对是至关重要的，阳光可能没有那么重要。

第四天（多云有风）：霍普把风筝放在地上，风筝被吹了起来。她决定把它扔到空中，因为她认为风是从下面吹来的。风筝多飞了一段时间后就掉到了地上。霍普的手指都冻僵了，于是她走回屋里并记录道："风筝下方一定需要足够的空间，这样风才能把风筝吹起来。需要慢慢放飞风筝，因为风吹起来时会弄伤我的手指头。要注意的是，迎着风时，风筝飞得更高。"

第五天（多云有风）：霍普走到外面并整理了她的笔记：

1. 需要风；
2. 避免雨；
3. 要把风筝举高点；
4. 慢慢放飞；
5. 最好迎风。

霍普迎风将风筝举了起来，于是风筝飞了起来。她兴奋地慢慢把风筝线放长，并开始跑起来。风筝在空中飞起来了。

运用类比

放风筝的类比能教育孩子如何迅速失败、从失败中前进、更好地失败。我们要对它做如下修改：

用员工替代女儿；

用老板替代妈妈；

用推行一项计划替代放风筝。

不必惊讶，从失败中前进、迅速失败和失败得更好就是这么简单。然而我们中的很多人每天都不做类似的练习，所以我们的"风筝"从来就飞不高。

我们不是根据指示行动，就是太容易放弃（说这项任务不可能完成）。所有非营利组织的负责人、企业的CEO甚至是高中的教育工作者都会告诉你，有很多聪明人当任务无法完成时，总是愿意去找各种理由去百般解释，很少有人能够继续坚持下去。那些不惧怕违背大多数人意愿的人当他们的想法错了的时候，不仅勇于去承认，还会坚持去尝试，从不同的角度尝试，直到完成该任务为止。正所谓“在生活中获得成功的捷径之一就是逆风而行。”

“魔术师”约翰逊在失败中继续着自己的商业生涯

1990年，约翰逊在临近自己职业球员生涯顶峰的时候，创立了一家在全国销售体育用品的、名为“魔术师32”（Magic 32）的零售连锁店。他去了几家供应商那里为自己的店挑选产品和商谈价格。约翰逊说：“我并没有问我的顾客他们喜欢什么，而是根据自己感兴趣的挑选商品。我当时并没有意识到我并不是顾客。实际上，我也是在开张后才学到这一课的。”

其中，约翰逊进了一批价值1 500美元的皮夹克，可惜它们一件也没卖出去。不幸的是，皮夹克并不是唯一没有卖出来的商品——他的这个商店只用了一年就倒闭了。对此，约翰逊这样说道：“我敢肯定的是我犯了致命的错误，但当时的我并不知道到底犯了什么错误。”

正如明尼苏达发言人雷科德尔（Recorder）所指出的，尽管约翰逊的名气给他打开了门路，但他也承认：“我要求董事会投资1.5亿美元，董事会会说：‘魔术师，你的篮球打得很棒。我想和你合影，我儿子想要你的签名。但恐怕我们要让你失望了。’”由此可见，约翰逊早期的成功并不容易。

约翰逊说：“三年来我一直在干这个。”另一名投资者问道：“既然你的经营策略和商业计划这么好，你又想在美国城市投资，那为什么没有其他人来让我们投资呢？”约翰逊承认当时真不知道该如何回答他们是好。

为了加盟星巴克公司，约翰逊带老板霍华德·舒尔茨去洛杉矶中南部的贫民区看了一场电影。约翰逊回忆道：“我还让500名黑人女性到场。我试图告诉他，黑人和白人看电影的方式有一点不同。这些妇女都会觉得自己与惠特尼·休斯顿熟识，她们会对着屏幕喊道：‘快甩了他……惠特尼，你为什么还要和他在一起？’”

> 庆祝成功固然很好，但从失败中汲取经验教训更重要。
>
> 比尔·盖茨

约翰逊继续说道：“霍华德对我说：‘我从来没有这样看过电影。’我们看完电影后他就和我签订了合约。”有人提醒约翰逊，星巴克从来没有在黑人社区开过店。约翰逊笑着回答道：“我们会喝价值3美元的咖啡——我们只是不吃烤饼而已。在我生活的社区里，没有人知道什么是烤饼，但我们可以把这些烤饼换成番薯派、磅饼和蛋糕——一切和我的顾客群产生共鸣的东西。我的做法扩大了客户群。”

“魔术师”幸运地从第一次失败中学到了教训，并战胜了那些反对者（利用他的优势，成功地在其他商业投资中积累了亿万美元的财富），他是在失败中前进的榜样。

创新者迎接失败

谷歌允许员工将20%的工作时间花在个人的创新项目上。员工可以花时间想一些有助于保持公司竞争力的新措施，而且他们也允许失败。作为公司的引领者，给员工提供面对失败的机会可以使公司拥抱创新。

Facebook的创始人马克·扎克伯格是这样解释创新的：

很多人认为创新仅仅是有一个好主意而已，但实际上，很多创新就是多次的尝试。在Facebook，我们围绕它创建了整个公司和文化。我们有称为“编程马拉松”（hackathons）的传统，所有的工程师都熬夜创建一些新东西，不是他们现在做的东西，而是进行一些创新。

如果你在经历炼狱，就继续吧！

温斯顿·丘吉尔

扎克伯格这段话的意义在于我们不希望让自己或他人生活在被事先设定好的人生里。我们需要自由地去完成重要的任务。只有这样做，才可能会诞生不可预见的产品（3M便利贴就是来自一项失败的产品计划），或有助于员工们创造性地完成他们的日常任务。如果给所有人（甚至自己）都分配了重要的长期计划，那简直就是孤注一掷。一定要把它们分解成较小的任务。

NPR的CEO薇薇安·席勒（Vivian Schiller）也有类似的看法：

我们要确保公司所有的员工都了解正在发生什么事情。在网络化空间和无线电空间正在发生什么，我们的观众喜欢什么，什么节目好看，用户体验是什么。然后我们就会让他们疯狂地尝试，我们热衷于测试和学习，失败并不可怕，只要勇于尝试即可。只要符合我们的核心价值，只要是高质量的新闻，只要是好的用户体验，就可以放手大胆一试。

连任三届纽约市市长和全球富翁之一的迈克尔·布隆伯格相信：

市民坚持他们有权利知道钱花在什么地方。他们对政府抱着很高的期望，但这不是创新工作的方式。创新——是你不知道你会创建出什么，它叫什么名字，它需要花多少钱。如果你无法回答这些问题，你就无权动用公款，这就是政府不创新的原因。市民希望能够提前问责。但某些情况下，这是行不通的。

我们只有增加失败的次数，才能大大提高我们的学习速度。失败常常会带来更好的结果。例如，30 岁时被赶出苹果公司的史蒂夫·乔布斯，相信被苹果解雇是发生在他身上最好的事情。他成功地创办了皮克斯动画工作室，而没有他的苹果公司却一团糟。乔布斯回到苹果公司后，就负责推出了 iPod、iPhone 和 iPad，从而使苹果公司达到了一个新的高度。

> 引领者和跟风者的区别就在于创新。
>
> 史蒂夫·乔布斯

就像前面所提到的那样，迈克尔·乔丹被踢出了高中篮球队；沃伦·巴菲特被哈佛大学拒之门外；兰斯·阿姆斯特朗不是最好的铁人三项运动员，因此他开始了自己的职业自行车生涯，并获得了 7 次环法自行车赛冠军；迈克尔·戴尔从得州大学退学，并创建了他的计算机商业帝国；零售巨头亚马逊在 7 年之后才开始盈利，但其创始人杰夫·贝佐斯一直坚信公司的前景是光明的，并不断调整公司的定位，直到公司步入正轨；威尔玛·鲁道夫战胜了小儿麻痹症（一度被视为残疾），成为了世界上跑得最快的女子运动员，并获得了 3 枚金牌。所有的这些人都是伟大的创新者，他们在通往人生巅峰的道路上都经历了无数次的失败。

新挑战

作为引领者，到达人生巅峰的你也会面临着新的挑战。很多处于职业巅峰的人都表示，守住这个位置会更加困难。一部分原因是因为他们忘记了让他们取得成功的原因（更好地成功）。

《信任代理》（*Trust Agents*）一书的合著者之一朱利恩·史密斯（Julien Smith）曾经说过当一个人到达巅峰时需要一种紧张感：

> 当有一天你名利双收时，就会变得畏首畏尾，接着就会迷失方向。你的

目标已经变成了守护你已经获得的东西，并尽量避免出错，而不再是去做相关的工作。那些在成功后仍然能保持紧张感的人，就是有机会成为伟人的人。而那些因为成功而变得畏首畏尾的人则不然。

奥普拉·温弗瑞希望："看节目的每个人都能对自己的生活负责，虽然生活不是一帆风顺的，但总会雨过天晴。你是谁、来自什么地方并不重要，重要的是获得成功的能力。"

比尔·乔治(Bill George)曾在《真北》(*Truth North*)一书中提及嘉信理财的前任CEO戴维·波特拉克，他很享受从每次经验中学习的机会：

> 失败会迫使你反思：到底哪里出了问题？我怎样才能做得更好？这是一个让你承担起责任的机会。遇到困难的时候，最容易做的就是找个替罪羊。我自己也经历过多次失败，但我每次都能从失败中学到一些东西，并设法让自己变得更加坚强。我总是不断从失败中学习，并最终让自己走向成功。

不管我们是处于人生巅峰还是低谷，挑战总是与机会共存，它会让我们变得越来越好。我们应该把挑战当成礼物，而不是诅咒。多问问自己下次怎样做才能做得更好，我从中学到了什么，这样我们就能转败为胜。你可以把这些发表在网上，或与朋友、家人和同事分享它们。这种行为会给人们发出这样一种信号：你不仅没有被失败打倒，还能让别人也从失败中学习。

> 我们不能换掉手里的牌，但我们可以改变出法。
> 兰迪·鲍什
> 《最后的演讲》作者

福雷斯·甘

小时候的阿甘腿上带着脚撑，于是便有人认为他是一个跛子。有一天，一群坏孩子们追着他，用石头砸他。阿甘从此便多了一项生存技能——不停地奔跑。在不停地战斗和逃跑过程中，他终于打破了“枷锁”。

阿甘的恐惧对他产生了积极的作用。具有讽刺意味的是，有多少人害怕打破自我的精神枷锁？或者说，有多少人因为别人说自己需要心灵慰藉，就一直让它们存在下去？如果阿甘真的听了医生说的话——他永远都无法正常行走，那他就永远都需要戴着脚撑生活下去。在需要的时候，他没有害怕。这是一个突破性的时刻，他这样表示道：“你现在大概不会相信我说的话，但我跑起来像风一样。从那天开始，如果我想去哪里，我就跑着去。”

他后来成为了当时排名第一的大学橄榄球队的后卫（亚拉巴马州），之后又跑遍了全美各地。除了跑步外，阿甘决定打乒乓球时也没有对它进行仔细的研究和分析，而是抓起球拍开始打球。在相当长的一段时间里，乒乓球都是他的关注重点。是时候打破我们强加在自己身上的枷锁了。如果我们想像阿甘那样摆脱自我的枷锁，那么第一步就是采取行动。

互联网行为建议

是时候继续前进了

即使你对技术非常恐惧，也需要在其最流行的时候使用它们。你不需要成为早期使用者，也不需要成为技术的快速跟风者，但你需要战胜自己的恐惧，与时俱进。例如，很多年以前，我们用谷歌搜索代替雅虎搜索；用 Gmail 电子邮箱代替 Hotmail。很多人害怕改变，害怕他们不能理解新技术。但正如本章所强调的，最好的办法就是直面新挑战，从失败中学习。

如果你是婴儿潮时期出生的，现在是时候放弃 AOL（American Online，美国在线）浏览器，开始使用火狐或谷歌浏览器，开始体验同时打开多个窗口 / 选项卡；是时候将手机和电脑换成智能手机、平板电脑等设备。尽管你会害怕，但这些新技术可以让你生活变得更加轻松。

竞争只会带来最好的

优秀的运动员总希望碰到最好的运动员，因为他们知道只有这样，才能发挥出最好的状态。击败不如自己的对手是不会有任何收获的。

拉里·伯德（Larry Bird）和“魔术师”约翰逊曾是球场上最伟大的竞争对手，但现在他们是最好的朋友。下面就是伯德对他们之间的友谊的评价：

回想起那段岁月，我情愿和埃尔文·约翰逊做对手。我知道他是一位伟大的运动员，大家总是想和最优秀的球员分在一队，但我更愿意和他角逐。我总是拿自己和他作比较。我宁愿我自己留在波士顿凯尔特人队，而他留在洛杉矶湖人队，这样我们每年都能在决赛中竞争。这样会让我成为一名更好的运动员。如果让我们在一个队里，就有点太容易了。”

> 如果你认为人总能一帆风顺，那只是在自欺欺人而已。人生总会出现问题的。
>
> 约翰·伍登

没有挑战的人生会很无聊，因此我们要抱着欢迎它们的态度。这样生活才会变得更有趣，才能让你更了解自己。很多创业公司都把公司搬到硅谷，尽管这意味着昂贵的费用，而且也很难找到没有工作的程序员，但这些公司的引领者知道，这样做，每天都能迎接新的挑战。风险投资家、记者和竞争对手很快就能发现公司的“缺陷”。虽然这很难让人接受，但问题一旦得到解决，公司就能更快、更好地发展，还能让你成为更强大的引领者，因为你的领导力也会受到挑战。

> 练习不是让你一次就把事情做好，而是帮助你做得越来越好。
>
> 马尔科姆·格拉德威尔
> 《异类》作者

在做主题演讲时，我很珍惜观众提出的刁钻问题，因为我知道这会让我下一次的演讲更加完美。虽然当下很难、很有压力，但如果都是简单的问题，那作为演讲者的我，将永远都不会有进步，这对我和未来的观众都没有好处。

吃得越多就越想吃

日本的小林尊是世界有名的大胃王。他曾在一次比赛中就吃下了 95 个汉堡包。当其他人已经无法战胜他时，小林尊就向体重 494 公斤的阿拉斯加棕熊发起了挑战。这头棕熊最终获得了胜利——它在 2 分 36 秒内吃下了 50 根热狗，而小林尊只吃了 31 根热狗。

记者问准备比赛的小林尊，每天如何训练。你可能会认为他每天都吃不饱，但事实正好相反，他每天都会大快朵颐。他表示，吃得越多就越想吃。就像小林尊那样，一旦养成习惯，就会激励你继续前进。

互联网行为建议

Twitter上的CEO们

艾伦·斯考特（Aaron Stout）和安德里亚·里皮兹（Andrea Lipizzi）的一项研究表明，截至 2011 年 6 月，财富 500 强企业只有不到 5% 的 CEO 拥有 Twitter 账户，而其中只有一半是真正活跃的。最活跃的是百思买公司的布莱恩·邓恩、戴尔公司的迈克尔·戴尔、易贝公司的约翰·多纳休、谷歌前任 CEO、现任执行总裁埃里克·施密特以及金宝汤公司的道格拉斯·科南特。不妨关注一下，这些公司取得了多大的成就。预计未来将会有越来越多的企业 CEO 不断克服自己内心对科技手段的恐惧感，并通过 Twitter 这类社交工具成为互联网时代的引领者。

先倾听，后推销

在试着推销产品和服务之前，我们应该先倾听别人，了解我们身边所蕴藏的互联网机会。正如老话所说——上帝赐予我们两只耳朵、一个嘴巴总是有原因的。然而在互联网时代，我们却总是先推销，而不是先倾听。

在互联网时代先推销，就好比是参加一个朋友的乔迁派对时，看到四个陌生人正聚在一起愉快地交谈，就走到他们面前说："你们好，我是简·多伊。我会在接下来的20分钟里告诉你们我为什么这么棒。"想想这种社交行为多么让人无法接受，你觉得不会这么做，但我们进入互联网世界时，就会完全忘记这种礼仪。

要么做，要么不做。没有"试一试"一说。
尤达

"败"向成功

本章中所举的实例都说明了因害怕失败而停步不前并不是一个可靠的策略，无所作为往往比犯错代价更高；情感、经济和身体方面的压力往往来自于推迟决策，既然我们每天都会面临挑战，还不如早点面对它，才能生活得更好，才能让我们成为更强大、聪明的引领者。如果我们能从失败中好好学习，清楚我们要在失败和挫折中学习什么，尽力做到从失败中前进、快速失败、更好地失败，那么我们的人生才更有价值，才能更好地成为自己和他人的引领者。

成功就是即使屡战屡败，也从不丧失热情。
温斯顿·丘吉尔

第10章

利用惯性保持行动力

20年后，你不会因为今天做了什么而后悔，而会为今天没有做而后悔。解开帆索，扬帆起航吧！去探索，去寻梦，去发现吧！

马克·吐温

早上起床后，不妨在一张卡片上记录下当天需要完成的最重要的两件事，并在每一项旁边画一个小方框，这项任务完成后就在上面打上记号。等两项任务都完成后，就把卡片揉碎，像投篮那样使劲扔到垃圾桶里。如果你想用智能手机代替卡片，不妨在手机里每小时设置一个闹玲，提醒你要完成任务。这样做虽然很麻烦，但是很有必要。你可能会说，某项任务需要几个小时才能完成。有些任务确实需要几个小时才能完成，但在大多数情况下，我们可以把它们分解成多个小任务来逐个完成。

你会发现，很多时候甚至都无法完成其中的一项任务。很多人赖够床后才会起来，紧接着就会拿起智能手机或平板电脑，立刻回复邮件和短信，或回复 Twitter 留言，这正是“拖拉机”的症状——千万不要掉入这个陷阱中。同时处理多个任务是大脑的垃圾食品，应该先完成最重要的两项任务后，再处理其他事情。最好能早点处理好重要的事情，这样才不会被意想不到的情况所拖累。养成主动处理任务的习惯，而不是事情发生后才作出反应。例如，用视频记录下到你餐馆吃饭的顾客，问一下他们到你这儿消费的原因，让其他员工看这个视频，这就是“主动处理”的例子。最好能把这段视频剪辑出一段精彩的片段，把它们上传到 YouTube 上。回复昨天收到的 50 封邮件就是“事情发生后才作出反应”的最好例子，这样做毫无价值可言。

试着在中午之前就完成这些任务。挑战总是在白天不期而遇，总是会发生许多意想不到的情况，中断你的任务，因此不要指望后面或下午的时间。完成最重要的两个任务会对你的一整天都产生积极的影响。除了这两项主要任务外，你所完成的其他任务无疑都是意外的惊喜——这种感觉非常棒！

把已经完成的任务从卡片中删除。每天的任务肯定不止两项，但不要把它们都放在同一个任务清单上。把其他任务都放在“停车位”清单中。每天从该清单中选出两项最重要的任务。

不妨利用牛顿第一定律——惯性原理（物体会保持原来的运动状态）来完成你的目标。我们知道买一桶新油漆并不难，但难的是开始刷漆。一旦开始刷漆后，你就很难在半途而废了。

很多人在还没有完全想明白一个想法之前就把它否定了，尤其是涉及到全新的互联网建议。很多身居高位的人并不是天生的互联网专家，因此会很排斥与技术相关的新观念，即便在经别人实践证明是有效的情况下，依然还会犹豫不决，不愿意去为新的概念争取获得批准、得以实施的机会。久而久之就形成了宁肯不作为而不愿意去尝试的习惯。如果你已经太多次遇到类似的情况，那就应该好好考虑一下，具有先进思想和态度的你是否适合再待在这家公司。

迪士尼乐园始建于 1954 年 7 月 21 日，只用了 366 天就竣工了。确实非常让人震惊。当有人问沃尔特·迪士尼是如何能在短短的 366 天内完工的，他这样回答道：“我们利用好了每一天。”你是否像沃尔特·迪士尼那样充分利用好每一天呢？

网络化日记

制定每天的目标时，不仅要用语言描述你的计划，还要把它发布到网上，来获得其他人的支持。在网络上发布更长远的目标也很有用，比如："明年我要和丈夫、儿子一起去乞力马扎罗山远足。我需要大家的鼓励。"

这种理念同样也适用于企业。从公司层面发布不同部门的周、月或年度目标，为所有员工和管理人员提供一个共同的目标基础。在社交媒体的帮助下，这些目标不仅可以被发布到不同的平台上，还可以把目标发布到公司或部门的博客上，有些公司甚至在开发类似于 Facebook 和 LinkedIn 的内部社交媒体网络。每当完成一项重要任务或目标后，该部门的成员就可以发布相关信息，同事或老板就可以表示祝贺，或给予积极的反馈。这样做可以创造有利的公司环境，即使公司遍布于不同的地区、时区或国家。

> 所有的行动计划都有风险和代价，但无所作为的风险和代价要更大。
>
> 约翰·F·肯尼迪

作为引领者，应该在全公司上下推动社交媒体工具的使用，以身作则地活跃在同事们所关注的社交网络上，在为个人目标努力的同时，也要帮助公司实现总体目标。美捷步公司的首要目标是客户服务——如果你参观过他们位于拉斯维加斯的总部，就会很容易了解到这一点。他们总是不断更新图表（无论是手工的和网络化的），实时显示着当天、本周和本季度的客户服务得分。

不断将项目发布到网上（尤其是社交媒体上）的好处是可以提供个人生活和职业生活的流水账。严格按计划执行这些项目时，就不需要浪费时间查看我们做了什么，没有做什么。相反，它可以不断提醒我们已经完成的任务。

大多数宗教讨论的都是把握当下。这种思想的大概意思是不要关注更美好的未来（例如"退休后就轻松了"或"下周就能完成报告"），也不要留念过去（比如“大学的生活要轻松舒适得多”或“我的上一份工作压力要小得多”）。在某种程度上，我们的网络化帖子就在帮助我们把握当下，因为它们允许我们查看自己正在创建的网络化足迹。你的足迹是在乞力马扎罗山，还是稳稳地坐在沙发上，看一场没有价值的真人秀节目的重播？你是充分利用时间，对整个公司的成功做出贡献，还是在虚度光阴？

不要过分狂热

一直在网上发布你的目标固然很好，但你一定要记住，有时候这可能不太合适。例如，你在开始远足之前发布了一篇笔记，不一会儿登顶后又发布了一篇。如果你忙于发布帖子，就会错过观看日出的大好机会，而你就活在增强现实中，而不是在享受当下的人生。因此，不要让发布你现在在做什么，以免妨碍你享受现在。同样，也不要乱发布与目前职业或工作环境相关的内容——只要向着结果努力就好。

设想一下，你在鸡尾酒会上，你最有可能听到什么内容：“我奶奶在第二次世界大战期间参加了红十字会，当时她只有 12 岁。她把她的一生都贡献给了红十字会，红十字会授予了她最高荣誉奖章。”或者“我奶奶非常喜欢看电影《我爱露西》和《蜜月伴侣》。”再或者“我认识的人当中，我奶奶是发电子邮件最多的人。”

你最可能听到的应该是第一种情况。家庭成员往往喜欢夸耀亲戚所取得的显著成就。看电视和回邮件没有任何特别之处。而在未来，我们的子孙将会这样在网上发表和炫耀他们的前辈所取得的显著成就：“你看这个博客，它是我奶奶从 25 岁开始就一直经营了 30 年的博客，通过这个博客，我奶奶帮助切尔西城筹集了到 4 500 万美元。在市政府的网站上还有专门介绍她的页面呢！你快看！”当然他们绝不会让你看：“我奶奶大部分时间都在看与鸟类有关的视频，与她不认识的人在网上玩休闲电子游戏。”

值得注意的是，讨论奶奶善举（“帮助筹集了4500万美元……”）的帖子不应该带有浓烈的个人色彩，不应该只表现对你有利的成就，而是要寻找有利于公司和（更重要的是）有利于社会的行为。例如，当你升职想把这个消息告诉所有人时，一定要感谢这一路走来帮助过你的人。或者如果你想去乞力马扎罗山远足，能否为某项与之相关的事业做宣传，以帮助人们提高对它的认知度，或为其筹集资金？

> 冠军就是那些在没人盯着的情况下，训练到筋疲力尽的人。
>
> 米娅·哈姆

在重压下不断进取

在体育比赛中，我们有时会看到处于劣势的一方获胜的情况。获胜的原因之一是他们没有太大的压力（比如说，没人认为他们会赢）。在没有什么压力的情况下，他们能够发挥出自己的最佳水平；而有优势的一队则会变得畏首畏尾，他们不再为了获胜而努力，只是为了不输掉比赛。2011年NBA总决赛、2011年斯坦利杯决赛以及2011年超级碗决赛都是这样的例子。人们在拉斯维加斯对迈阿密热火队、温哥华加人队和匹兹堡钢人队下了重注，但最后获胜的却是达拉斯小牛队、波士顿棕熊队和绿湾包装工队。

我们在日常生活中也总会遇到这样的压力。其实，最大的压力是我们强加给自己的，而另一种巨大的压力则来自于你的老板（然而如果你认为老板或工作是你最大的压力的话，那么你需要重新阅读第4章，因为你很可能没有追随自己的激情）。

压力的直接来源是我们想成为什么样的人和取得什么样的成就。每天上午就完成一天的两个目标有助于减轻你的压力。但如果你是夜猫子，也不必烦恼。个人的生物钟很难打破，在第二天中午前完成这两个任务即可。因此如果你晚上 11 点仍在努力完成这些目标，那实际上你是在提前完成第二天的任务。这种策略能让你避免整天都想着这些事情，不妨在适当的时间写下这两个任务，比如，在晚上 9 点写下这两个任务，从晚上 9 点 15 分开始，到第二天晚上 9 点之前完成它们即可。我们需要找到最适合自己的工作方式。托马斯·爱迪生一天工作 24 小时，中间会休息 15 分钟。

作为企业引领者，我们需要记住员工有各自不同的生物钟和工作方式。虽然员工应该在特定的时间待在办公室，但在科技高度发达的当今社会中有着多种灵活的方法，比如允许员工在家办公。引领者减轻员工压力的其他方式是创造分享的氛围，而不是竞争氛围。我们在前面已经看到了艾伦·穆拉利刚接管福特公司时，公司管理人员之间的关系更像是对手（而不是队友），因此没人愿意以红色标记问题。

> 成功的秘诀就是行动起来。行动起来的秘诀就是将令人窒息的复杂任务，细化成可操作的任务，然后从第一个任务做起。
>
> 马克·吐温

管理人员的压力也非常大。对他们来说，使用互联网工具和做到完全透明很难，尤其是当他们试着自己解决这一切时。他们不仅需要告诉别人他们的想法和做法，还要处理来自员工和顾客的诉求。把重担都压在自己肩膀上，会让人难以承受。因此，一定要学会和员工、顾客和董事会一起分担这个重担，通过互联网工具的使用完成这些反馈。

劳逸结合很有必要

行动起来固然很好，但我们的身体和心灵偶尔也需要得到休息和放松。

为了完成人生的目标，很多人都试着增加工作的时间，其结果就是不得不缩短睡眠的时间。我们经常听到有人说“等死了再睡个够吧”，但如果这是你的格言，那你会死得快一些。2009 年发表在《睡眠》(*Sleep*) 杂志上的一项研究，在 14 年间跟踪了 98 000 名年龄段在 40 岁 ~79 岁之间的日本男性和女性。结果发现被认定为睡眠不足的人的死亡率是睡眠充足的人的 1.3 倍。2009 年的另一项研究在 8 年间追踪了 6 400 个男女。该研究得出以下结论：有睡眠暂停(异常呼吸特征的睡眠障碍)的人早亡率要高 46%。我们的目标和愿景的实现过程更像是马拉松比赛，因此不要在到达终点前就把自己累垮。不论是短期还是长期，不爱护自己身体的人注定无法获得太多的成就。

你无法“创造出更多的时间”

人生的真相是无论我们有多成功或多富有，我们每个人的时间都是一样多，你白天的时间不可能比别人多。重要的是在这段时间里做什么。如果抱着“创造更多的时间”这样的希望，那我们就可能会缩短自己的睡眠时间，这样做只能是徒劳无效的。

也许我们都是从大学时代为通过一门考试“开夜车”开始，逐渐养成了这个坏习惯的。通过对 120 名学生进行调查，我们发现，从来不“开夜车”的学生平均成绩点（GPA）是 3.1，而“开夜车”的学生是 2.9。《内科学文献》的一项实验也提供了缺乏睡觉会导致低效的数据。研究人员追踪了 153 个男女在两周内的睡眠习惯。参与实验的人随后被隔离 5 天，并被感染了感冒病毒（我希望他们能得到很多报酬）。他们发现，每晚平均睡眠不足 7 小时的人得病概率是每晚最少睡 8 小时的人的 3 倍。另一项研究表明，在相同饮食的情况下，每晚睡 8 小时的减肥者要比每晚只睡 5.5 小时的减肥者多减 56% 的体重。

20% 的美国人每晚睡眠不足 6 小时。《哈佛女性健康观察》(*Harvard*

Women's Health Watch）的研究表明，睡眠不足会影响学习和记忆力。有了足够的睡眠后，大脑就能通过记忆巩固过程，把新信息记在脑子里。在实验中，在学习了一项任务后能得到充分睡眠的人，在稍后的测试中要比没有得到充分休息的人表现好。

重要的不是你能完成多少，而是你做了什么。
@奎尔曼

除了学习和记忆力问题外，《哈佛大学医学院健康专题报道》（*Harvard Medical School Special Health Report*）从所有这些睡眠报告中得出结论：睡眠不足会引起新陈代谢、体重、安全、情绪以及心血管健康问题，还会导致疾病。

不管我们在做什么，总有那么几个夜晚让我们难以入眠。在这种时候，最好是起来做些事情，而不是躺在床上担心自己为什么睡不着。做一个小时事情，然后平躺下来，掌心向上，关注你的呼吸（最好躺在地上）。对于瑜伽练习者来说这个动作非常熟悉，因为这是瑜伽课结束时经常做的动作。即使不能完全入睡，比起整夜在床上翻来覆去睡不着，这样的姿势也能让你的身体得到更充分的放松。如果大多数时候我们都能得到充足的休息，那么偶尔失眠也没太大关系。但如果你长期遭受睡眠问题（不管是否是主动），总会发生大问题。

通过午睡来提高效率

一直以来，日本企业的效率一直很高。他们成功的秘诀是什么？他们鼓励员工午睡。这就提出了一个问题：我们是否应该像幼儿园小朋友那样午睡呢？

加州大学伯克利分校曾进行过一项实验：让一组被试午睡，而另一个组被试不午睡。然后他们让两个小组参加了记忆测验。午睡了的小组表现优于另一个组 10%。这项研究的研究者、加州大学伯克利分校的助理教授马修·沃克（Matthew Walker）说："睡眠不只是让身体得到休息，大脑也会得到休息。"

而且人们下午的记忆力会下降10%，但午睡的小组能够抗击这10%的衰减。沃克总结道："这进一步证明了睡眠在记忆过程中起着至关重要的作用。"

日本的研究人员建议午休时间不应该超过30分钟，以避免变得昏昏沉沉。午睡沙龙在日本很流行，在这里，压力重重和疲惫不堪的员工可以租一张躺椅休息30分钟。诺福克诺维奇大学医院的睡眠专家尼尔·斯坦利博士（Neil Stanley）说："20分钟的午睡可以让你精神焕发，这比喝一杯咖啡要有效得多。即使闭上眼休息20分钟也很不错。"

美国睡眠专家萨拉·迈德尼克（Sara Mednick）甚至把有规律的午睡描述为："拯救生命的好习惯，可以帮助我们提高身体免疫力和性生活能力，还能让我们变得腰肢纤瘦，并且能提高我们的工作效率。"

人生没有捷径，睡眠也是如此。适当的休息可以让清醒的时间更有效率。这样做能提高白天时间的工作质量（而非数量），让你有更多的时间来发挥你的领导力。进行马拉松训练的人不会每天都跑马拉松，然而很多人却试图这样完成自己的网络化任务。

每周选一天作为无科技日

从现在开始，每周都选一天作为无科技日。是的！没有电子邮件、手机、短信、Twitter消息等。如果你离不开它们，那就更需要这么做！如果你无法立刻改掉这个习惯，就从一个月选一天作为无科技日。我建议将这一天作为旅游日或家庭聚会。一种循序渐进的方法是给自己制定三"关"政策，即通过后就可以有5分钟的"高科技时间"。你会发现，你会被再充电（无其他含义），其余六天的高效率完全可以弥补"无科技日"的损失。

刚开始时，远离高科技并不容易。被放到“媒体封锁”环境中的大学生，仅仅过了24个小时就想要退出。由马里兰大学传媒和公共事务中心完成的这项研究涵盖了来自10个不同国家（从阿根廷到乌干达）的1 000名学生。下面是学生对“过一天没有多媒体的日子”的感受：

美国学生：“没有多媒体的生活就像是犯了毒瘾的瘾君子一样。”

阿根廷学生：“没有它感觉自己像死了一样。”

黎巴嫩学生：“焦虑不安。”

虽然很困难，但大部分学生都承认他们很羡慕那些不依赖于多媒体的人。一名中国学生大声提出质疑：“我总是在想，为什么现在我这么依赖这些多媒体。就算没有这些，我小时候的每一天都过得很开心。为什么会变成这样？”Monster.com的创始人杰夫·泰勒（Jeff Taylor）给了我们睿智的建议：“如果我们一天24小时都通过智能手机接收邮件，那工作永远都不可能完成；重要的是把手机关掉。很多员工（甚至是固执的企业家）都需要在头脑中清除这些事情，才能让身体得到休息。”

泰勒晚上8点就会关掉他的黑莓手机——第二天早上7点才会重新开机，但他承认这种安排并不适合所有人。有些人晚上9:00~11:00之间的效率最高——因此他们应该在这段时间工作，然后抽出其他时间作为个人时间。

行动起来

我们经常会欺骗自己，认为自己是积极的——“锻炼好身体后，我才能去滑雪”或“在买好‘编剧’软件后，我才能开始编写剧本”。如果发现自己正在这么想时，就想想托马斯·爱迪生的故事：

> 世界如此危险，不是因为那些作恶多端的人，而是因为那些袖手旁观的人。
>
> 阿尔伯特·爱因斯坦

一名新员工来到爱迪生位于新泽西州门洛园的实验室报到时，他询问爱迪生实验室有什么规定。爱迪生说："这里没有任何规定。我们都在努力搞发明创造。"他确实是这样做的。在6年的时间里（1876年~1882年），爱迪生申请了400多项专利，其中包括留声机、电灯和发电机。

我们的个人生活和职业生活都需要有短期和长期的目标。不论是要完成索引卡（或智能手机列表）上的两项重要任务，还是完成公司制定的年度营利目标，我们从现在开始就要采取积极的行动。我们可以创建网络化日记来记录我们所取得的成果，同时接受其他人的反馈和支持。网络化日记是网络化遗产的一部分，我们希望它本身就能说明问题。不要因为身边发生的一点小事就在Twitter上发帖子，这完全是浪费时间；偶尔远离科技、午睡或保持充足的睡眠，都可以减轻来自现代社会的一部分压力，让你处于最佳状态。

> 人生唯一不变的就是变化本身。
>
> 赫拉克利特

当我们看到某件事需要有大幅度改进的地方时，总会在想为什么没人采取一些措施。我们就是那些人。成为解决方法的一部分，而不是问题的一部分。从现在就开始采取行动吧！

成为互联网时代高效引领者行动指南

* 做事要果断；
* 通过增加失败次数来提高学习速度；
* 利用惯性。有行动力的人永远都会保持他的行动力；
* 完成日常任务前，先完成能让你离梦想更进一步的任务；
* 短信、电子邮件和Twitter是“拖拉机”们的梦想——不要掉入这个陷阱；
* 必要时，使用能让你将注意力集中在最重要任务的互联网工具；
* 每周选一天作为无科技日；
* 要保持最佳状态，必须有充足的休息；
* 通过午睡来提高效率；
* 在失败中前进，快速失败，就算失败，也要更好地失败；
* 不要等待，现在就采取行动，朝着梦想前进吧！

MAP

法则4

路径

获得成功所需要的目标和愿景

1. 目标坚定，方法灵活；
2. 你的网络化足迹会实时告诉你，你在如何生活；
3. 制定可笑的目标。

SIMPLE简化：成功是简单化和聚焦化的结果

TRUE忠诚：忠于自己的激情

ACT行动：不行动的话什么都不会发生——迈出第一步

MAP路径：获得成功所需的目标和愿景

PEOPLE人才：互联网时代，仅凭一己之力无法取得成功

第11章

心有多大，目标就有多远

只要你有梦想，就一定可以实现。

沃尔特·迪斯尼

在一家高尔夫俱乐部健身中心，泰格·伍兹和在他旁边练习举重的查理之间就目标制定进行了一场对话。而查理正是专门帮助管理人员制定目标及其战略计划的人。

查理："你的终极目标是什么？"

泰格："18。"

查理："这很有意义。杰克·尼克劳斯（Jack Nicklaus）是该记录的保持者，你想成为最优秀的高尔夫球手，超越杰克的18场大满贯纪录。36岁的你已经赢得14场比赛的大满贯，所以你只要再赢4场就和尼克劳斯打平了。"

泰格："不是这个意思。"

查理（很困惑）："那18代表什么？"

泰格："每次踏上高尔夫球场，我的目标都是18。我想要打18洞。"

真是难以置信，泰格的目标竟然是在整个高尔夫球比赛中能够一杆进洞。在这样的背景下，他在PGA巡回赛上最差的成绩是59杆。然而，泰格的目标是打 18 洞，并将之当成他的“终极目标”。

这就是伟大的引领者所做的。他们会为成功制定大胆的路径图，甚至在他人眼里是十分可笑的目标。那些所谓“令人可笑的目标”会遭到许多人、尤其是你的敌人和批评家们的嘲笑和讽刺。而他们的嘲笑正好说明了他们内心的紧张不安和嫉妒，他们希望你的目标不能达成。而那些不会对你大胆的目标冷嘲热讽的人正是你所需要的人。从某些方面来讲，他们的支持对你来说是很有必要的。你的目标设定得越高，你越需要别人的帮助，来达成你的目标。因此，此时你是否拥有一个足够开阔的视野？尤其当它涉及你的梦想和目标时，千万不要去自我束缚。

确定目标并为之拼搏

尽管人们会嘲笑我们大胆的目标，但大胆的目标可以帮助我们克服所遇到的障碍和困难。如果体重 136 公斤的你说：“我这个月要减掉 2 公斤。”这种话没有任何激励作用。但如果你说：“为了即将到来的高中同学聚会，我要把裤子从 50 减到高中时的 34。”这就是一个大胆的目标。如果你的目标不够高，你就不会付出太多的努力。

对于你想过什么样的生活有个清晰的认识，会让你变得与 99% 的人都不同。大多数人不知道自己想要什么。尽管我们不能完全确定自己想要什么，但通过制订未来的计划或愿景，我们至少能清楚地知道自己不想要什么，这就相当于成功了一半。亨利·福特认为人们看到实物时，才会知道他们想要什么。就汽车而言，他说：“人们不知道他们想要什么样的车。当我问他们时，他们会说他们想要一匹跑得快点的马。”

如果你很幸运，知道自己的人生目标是什么，那只需要制订出达成目标的计划即可。如果你正在为之努力着，不妨试着做一下这个练习：在一张电子表格（如谷歌文档、微软 Excel）中写出你这周做的所有事情，到本周结束时，花一天时间来分析一下这张表格。把你不喜欢做的事情标为红色，把你不在意的事情标为黄色，把你真正喜欢的事情标为绿色。然后开始计划如何清除红色和黄色的项目，并专注地去做，最终你会发现表中剩下的几乎都是绿色的项目。即使你已经知道你的人生目标，也应该先做这个练习，以确保你仍在实现人生目标的正确轨道上。这是制订网络化路径的好方法。

或者做一下以下的尝试。查看你最近的信用卡和银行账单。老话说：钱花在哪儿，心就在哪儿。核对完账单后想一想，账单是否能真实地反映你？如何花钱、将钱花在什么地方会告诉自己和其他人很多关于我们自己的信息。

很难想清楚自己想要什么，但一旦你做到了，就必须制订出能够激励自己前进的计划和愿景，然后为之拼搏。虽然在你前进的过程中会不断涌现出很多新技术，一路上也不会一帆风顺，但相信它们只是你旅程的一部分。

你长大后想干什么

> 你将在自己的葬礼上如何评价自己，就是你自己对成功的定义。
>
> 斯蒂芬·康维

你长大了想干什么？这个问题对于出生在 20 世纪 50 和 60 年代的人来说，他们在 12 岁的时候经常被问到。知道你的人生目标是什么，是人生启蒙的前半部分，而如何实现它则是人生的后半部分。

不要让任何人阻碍你实现自己的人生愿景。向芭芭拉·沃尔特斯、比尔·沃顿和卢·霍兹看齐。他们三个都有某种语言障碍，然而他们都在各自最不可能的领域——播音主持领域获得了成功。让我们看一下他们身上所具有的毅力和勇气。他们都为自己感兴趣的事情制订了计划，并一直坚持，直到目标达成。很多公司争先邀请他们做主题演讲。这一切都是因为他们知道如何克服障碍，怎样才能成为引领者，而他们的行为同样也激励着别人。如果你一直为你的目标奋斗，就完全不需要在意是否有追随者，相信一定会有人跟随着你的脚步。

互联网行为建议

从容面对网络化视频的20个建议

随着网络化媒体的出现，人们开始使用 YouTube 这类的网络新途径来帮助公司和个人走向成功，达成他们所预定的目标。不管是推销产品或服务，进行自我营销或专业推广，还是只是和朋友们分享某件事，有些时候你总会被拍下来，并被上传到 YouTube、Vimeo、Facebook 或国家电视台。可能是一次家庭聚会，也可能是你在“艾伦秀”的画面。不管是哪种情况，下面的建议能帮助你在互联网上展示出最好的一面。

1. 放松自己的面部表情，从身体的其他部分开始放松自己。不要搓手，也不要耸肩。有人发现自己按摩一下太阳穴和脖子很管用。另一种有效的方法是，双手摩擦发热后放在闭着的眼睛上。
2. 微笑时颧骨的位置会提高。提高的颧骨会让你的眼睛在相机里看起来闪闪发光。
3. 做几次瑜伽式的深呼吸。这种呼吸方法有助于放松自己的面部表情和身体，也可以预防你用太快的语速讲话。
4. 接受采访时要记住，它与我们的日常对话不同。不要使用肢体语言（如点头），因为这样会让你看起来像是自以为是的人，而且显得对这个问题很不耐烦。同时，它还会传达给观众一种你已经知道答案了的信息。可见点头是一种很难改正的习惯，因此你需要稍加练习并改掉这个习惯。
5. 有条件的话，就买一支好的麦克风，这绝对值得你多花点钱。
6. 保证灯光照在你的脸上，而不是照在你身后。黎明和黄昏时的自然光最好。如果能在这段时间内录制视频，会让你显示出最好的状态。

7. 保持良好的姿势。靠墙站立，让肩膀和后脑勺都紧紧贴在墙上。然后慢慢离开墙，用这个姿势面对摄像头。
8. 要强调一切，包括你说的话、兴奋感、音量、姿势和眼睛。不要大喊大叫，但你要表现得像在舞台上表演。我第一次看到“魔术师”约翰逊接受采访时，我在想他为什么要大喊大叫，而不是以正常的声音说话？之后我从几次采访中发现用正常的声音讲话，就会显得平淡乏味。如果“魔术师”约翰逊需要这样说话，那我们也需要这么做。
9. 要简洁。自己录制视频时，一定要保证它不超过 2 分钟。最好能把它压缩到 1 分钟以内。接受采访时，先用最有利的语言回答问题，并快速阐述一两个要点。
10. 如果你穿着西服外套，就卷起背后的衣服，并用脊柱把它们紧紧地压在椅背上。这种姿势可以让你的肩膀展示出很好的线条，还可以避免驼背。如果背后卷起的衣服有点松了，就提醒你该坐直了。
11. 如果录制方能提供高清晰（HD）彩妆，就接受它。如果你没有使用它，那么在高清摄像头前的你就会显得有点疲惫苍老。在家里的话，就用刷子做一个基础妆容，这样能极大程度地减少油光，让你的线条变得柔和。如果没有基础妆容，就快速用棉签擦一下脸，至少要去除油污和灰尘。
12. 事先多喝水。要备点水，以备不时之需。不要喝含冰和含糖的饮料。最好是加点柠檬的苏打水。
13. 摄像机就是你的观众，因此大多数时间都要盯着它。如果你是在进行 Skype/Facetime，不要盯着角落里自己的小图像。如果你正在接受采访，就问采访者你应该看着什么地方。如果你是在黄金时段的电视节目，一定要知道每台摄像机的位置，“兼顾”到每个摄像头。如果是在台上发言，要问摄像师哪个位置的光线最好。面对摄像头时，要说你的主要观点或重点——你之后可以将这些视频作为自己的集锦。
14. 在开始讲话前，保持自然嗓音的一个好方法是哼唱生日歌，哼唱完后马上说：“西班牙的雨水主要分布在平原地区。”
15. 穿你觉得最舒适、最好看的衣服。感觉舒服，就会有自信。对于奥巴马来说，最让他舒服的可能是一件西装外套，搭配一条红色的领带；对于加斯·布鲁克斯（Garth Brooks）来说，最让他舒服的可能是一条牛仔裤，搭配一件开领黑衬衫。在视频中的穿着最好一致，这样就能给观众留下更深刻的印象。比如说约翰尼·卡什（Johnny Cash）的“黑衣人”形象，泰格·伍兹的周日红衬衫、理查德·西蒙斯的运动背心和扎克伯格的连帽运动衫。不要穿戴那些会让观众分心的服装和配饰，比如说大胸针、鲜艳的领带，或脖子附近有华丽设计的服装。

16. 如果你觉得嗓子有点嘶哑，就吃点甜瓜。这种水果是天然的润喉剂，可以帮助消除充血。
17. 在摄像头面前做真实的自己，可能很难做到。一些演讲培训讲师说不要有手势，但我注意到全球最优秀的演讲家之一《从优秀到卓越》作者吉姆·柯林斯就经常这样做。不同的地方在于，他的每个动作都是有目的，他用手势来传递信息，而不是分散听众的注意力。因此，如果你在演讲中会自然而然地用手势，就这么做吧！但一定要保证你所做的手势会出现在境头中。最糟糕的是手指在屏幕中晃来晃去。如果视频只显示你的头，就试着尽量放低你的手，这样它们就不会有机会出现在屏幕中。最后，永远不要用手挡住脸，除非你想表达愧疚的心情。
18. 给别人录制视频时，也可以使用这里提到的这些建议。这样能让他们像明星一样，他们也会让你闪闪发光。
19. 玩得开心！
20. 过后要分析一下这些视频。视频中最棒的部分在于你可以随时观看。就像英格兰爱国者队主教练一样，观看这些视频，以便让自己在下次演讲中表现得更好。如果你连续说了几个“嗯”，那你看起来会不会显得无精打采？你戴上眼镜好看还是摘了好看？你是否频繁地说了“喜欢”这类词？你有哪些小毛病（低头、耸肩、背对观众、左顾右盼）？在手机里记下这些动作。然后在演讲的前一个晚上和当天早上，看看你最经常犯的3个毛病。这样可以提醒在你演讲时，不要做这些动作。

你可以向最优秀的演讲家学习：本杰明·萨德、丹·希思、吉姆·柯林斯、塞斯·高汀、提姆·桑德斯、盖伊·川崎和安迪·斯坦利。

虽然听起来有些可笑，但我们的确还可以从儿童读本《彼得兔奇遇记》中吸取教训：

> 太阳公公依然笑容满面，微风梅里众兄弟正在芳草地上追逐嬉戏，鸟儿们唱着欢快的歌儿，春光明媚，到处洋溢着快乐，让人心情欢畅、精神焕发。大家都喜气洋洋，只有彼得兔一个人闷闷不乐。他心里除了烦闷，别的一点儿都没有。其实他是在自寻烦恼——他对自己的名字不满意！而且你肯定知道，有很多人和彼得兔一样愚蠢。

有多少人将精力放在这些小小的不满，却不感激每天世界摆在我们面前的机会？

借力高科技走向成功

当今社会充满无数唾手可得的机遇，我们可以利用 YouTube、Twitter、iPad 应用程序这些网络工具促进事情的发生，且让它们更快地发生。

比如说你是一位小企业主。为了放松，你晚上会一边喝酒，一边阅读和写作。你很兴奋，因为你的第一本科幻小说刚刚出版。你在 search.twitter.com 上搜索“书友会”，发现很多书友会都使用“# 书友会”主题标签。虽然你刚开始使用 Twitter，但你知道“# 主题标签”用于对话题进行分类。你发现所有使用“# 书友会”的人都是某个书友会的成员，他们正在讨论目前阅读的书籍。

你甚至发现，很多使用“# 科幻小说书友会”的用户正在阅读你熟悉并喜爱的科幻小说。一个小组正在讨论你最喜欢的作家艾萨克·阿西莫夫（Isaac Asimov），因此你附和说你有多喜欢阿西莫夫的作品。此后，你便开始和其中一些成员聊天。他们查看你的 Twitter 个人资料，发现一个正在讨论你作品的网站链接。其中三人购买了你的小说。你在 Twitter 上给他们发消息，说你希望他们喜欢你的作品，并建议如果书友会把它作为下个月的阅读书目，你会很乐意在 Skype 上和大家做一次问答环节。于是他们选择了你的小说，并让大家在视频结束后，到亚马逊网站评价你的书。你发现自己的 Twitter 账户的粉丝增加了 12 个人，他们都是书友会的成员。你发现这种方法既有效又有趣，便开始用这种方法与公司的客户沟通。这只是个简单的例子，但足以说明，只要我们愿意聆听和参与，那身边的网络化机会就随处可见。

我们应该听听臭鼬吉米给彼得兔的忠告：

名字这东西没实质意义，
它的意义由我们来赋予。
我们怎么看它才是真谛，
别人的看法都没有根据。
我们每天的所言所行，
以及我们每一天是如何度过的，
才让它变得有意义或没价值，
再或者让它糟得不可想象。
名字只是我们的代号而已，
这才是决定别人怎么想
我们的方式、唯一的方式。

也就是说，不管是我们的名字，还是我们会遇到的其他障碍，都不能让它们阻碍我们成功的道路。

正如前面所说的，名字只是一个代号——只有我们才能决定它重要与否。沃伦·姆恩（Warren Moon）毕业于华盛顿大学，是美国最好的四分卫，还是“1978 年玫瑰杯橄榄球赛最有价值球员奖”（MVP）的获得者。然而他却在选秀中败北，只因为他是非裔美国人四分卫，他拒绝出任近边锋。尽管如今经常能在联赛中看到非裔美国人四分卫，但姆恩毕业的时候，NFL 球队却认为非裔美国人是无法胜任这个位置的。他们被贴上了“传球四分卫”的标签，而不是“投掷四分卫”的标签。姆恩也被归为此类。

然而姆恩并没有因此消沉下去。他去了加拿大橄榄球联赛作四分卫。他所在的球队埃德蒙顿爱斯基摩人队连续五次夺得了“格雷杯”的冠军。很多 NFL 球队招揽姆恩为他们效力，姆恩继续在休斯敦油工队、明尼苏达维京人队、西雅图海鹰队和堪萨斯城酋长队效力。姆恩是近代历史上首位入驻 NFL 名人堂的非裔美国人四分卫球员。如果姆恩允许别人给他贴上固定的标签的话，那他是无法取得如此成就的。就像姆恩一样，有些人可能需要克服更多的困难与险阻，但这只会使他们在通往成功的旅程中更有趣和更有价值。

> 如果大多数人总是正确的，那世界上就没有穷人了。
> 布赖恩·比利克

互联网行为建议

不要忘记“信件”

在当今社会中，忘了在电子邮件、文本或状态更新中添加附件，就相当于在信封上贴好邮票、写好地址，却忘了把信放进去一样。不妨在 Gmail 中添加正确的设置，这样，如果你在正文中提到了“附件”，而忘了添加附件就发送了，那 Gmail 就会自动提出提醒消息。Gmail 还会根据你发送邮件的历史，建议你将邮件抄送给其他人。这有助于节约时间，还能让你避免尴尬。节约的时间越多，那留给你追寻人生目标的时间也越多。

找到属于自己的道路并引领他人

就像我们在前面讨论过的，“魔术师”约翰逊开始做生意时也失败过几次。但一段时间后，他开始制定自己的企业愿景。他想将自己的精力放在帮助建立城市社区上，这是大多数企业都不愿涉及的领域。有了企业愿景后，就更容易为企业寻找机会了。

约翰逊说：“很多运动员退役后都开了体育酒吧或餐厅，但他们并没有想过要给顾客提供什么，我曾经也是这么做的。但我现在明确了自己的愿景是什么，我考虑的所有事情都是为了实现这个愿景。当很多机会出现在我面前时，我会仔细地去分析这些机会是否能给我们所服务的社区带来价值。在我们为社区服务的过程中，我的团队会提问：‘还缺什么？’我们都知道，非裔美国人是全美最爱去电影院观影的一群人，但我们所在的社区却没有一家电影院。这就是我们开始建造“魔术师约翰逊影院”的原因。当你的愿景足够强大时，你的注意力自然就会更集中。它们要么有意义，要么就没有任何意义。”

> 人都有自己擅长和不擅长的地方。
>
> 亨利·福特

正如“魔术师”约翰逊所说的，他刚开始做生意时没有任何愿景，一旦他制定出了一个愿景后，所有的事情都变得简单起来。生活中最难领导的人通常就是你自己。这就是为什么本书的大多数内容关注的都是在互联网时代如何掌控自己的人生。你必须先领导好自己，只有对自己满意了，其他人才会在线上和线下（在一个更大的范围内）追随你。我希望本书能帮助你更顺利地成为互联网时代的引领者，但这需要你不断地拼搏。这样做最美妙的地方在于我们找到自己的人生之路并能自我引领时，其他人就会快速追随我们。

互联网行为建议

你的企业使命

你的企业是否知道自己的使命？同一家企业的员工通常都会朝着不同的方向努力，因为他们认为这样对企业最有利。在公司里做这项练习。随机采访公司的员工，并用视频把他们的回答录制下来。简单地问他们三个问题：

公司存在的原因是什么？

你的竞争优势是什么？

公司如何才能对社会作出更大贡献？

你希望所有员工的答案都相似。但多数时候他们的答案都不相同。现在正是好时机——把它编辑成一个 5 分钟的视频，和全公司的员工一起讨论他们的回答，从而让所有人都朝着同一个方向努力。

阿甘的人生目标

阿甘的妈妈告诉他："你要充分利用上帝赋予你的天赋。"阿甘的人生目标就是让他妈妈感到骄傲，给珍妮所有的爱（他少年时代的暗恋对象，后来成为了他的妻子）。这是一个简单的人生计划，但很难坚持到底。

阿甘在坚持自己人生目标的过程中，给误入歧途的人带来了积极的影响。对丹中尉来说尤为如此。阿甘在越南救了中尉，然后让中尉成为他捕虾生意的合伙人，避免他陷入酒精和毒品的恶性循环中。珍妮也是这样。如果没有阿甘这个榜样，她可能会因为无法忍受艰辛的生活而自杀。

阿甘没有理会外界对于他是"傻瓜"的评论，他只是坚持走自己的人生道路。阿甘根本就不会因为反对者的冷嘲热讽而分心。

为了激励自己的球员，教练们通常会在更衣室的布告栏中贴上人们对球队的谩骂。我们要么无视这些反对者，要么像输了比赛的球队那样，把他们的话当作点燃自己内心的火焰。最能激励我们的就是证明别人错了的欲望，我们应该好好利用这一点。

本书的一个任务就是制定伟大的愿景。一些人可能会嘲笑我们的野心，而另一些人只会在心里想，我们的梦想无法成真。

有人觉得我们的梦想太不切实际——这个事实很重要。看起来有点不合常理，但事实是如果没人质疑，那我们的目标就一定不够大！就像我在得克萨斯大学奥斯丁分校（麦库姆斯）的毕业典礼上，告诉即将毕业的商学院学生那样，要养成制定足够大胆的目标的习惯。

如果阿甘告诉大家："我的愿景是每天练习乒乓球，成为一名更好的运动员。"那大多数人都会很冷淡地说："谁在乎？"或"真是太好了！"如果你的愿景不够大、不够特别，就不会有很多反对者。但如果阿甘说："我的愿景是成为乒乓球世界冠军！"这种话一定会让人们大吃一惊，还会引起他们强烈的质疑："不可能！"或"你疯了吗？你以前都没有摸过乒乓球。"

在组成STAMP的五大法则中，阿甘最擅长的就是"简约"和"行动"这两个领域。这是很重要的一点。在STAMP的五大法则中，我们总有比其他人厉害的领域。这很正常。虽然乒乓求并不是阿甘的强项，但他始终坚持自己的计划，最终实现了自己的人生目标。

虽然我们希望自己有大胆的目标，但一定不要把它与"浮夸"混淆。"大胆"是相对的，对每个人来说都是不同的。《阿甘正传》的结尾部分明确了这一点，阿甘之所以心满意足地为高中橄榄球场除草，是因为他想要成为亿万富翁，并且他喜欢干活，因此他免费帮别人割草。

> 不管你选择什么样的生活，总会有人说你是错的。一路上总会遇到各种困难，让你认为你的批评者是正确的。制订行动计划并坚持到底需要士兵般的勇气。
>
> 拉尔夫·沃尔多·爱默生

通向成功的大胆计划

人生是一次短暂的旅程。为了实现我们的人生目标，我们需要制订一个通向成功的大胆计划，并制订一个会被人嘲笑的目标。当别人说我们无法实现自己的梦想，或者想给我们贴上某种标签时，我们需要坚持自己的计划、愿景和目标。和朋友、家人、同事、员工分享我们的愿景很重要。他们知道的越多，就越会有责任感，也就会给我们提供更多的帮助。确定你的人生目标，并朝着自己的目标努力。

第12章

坚定目标的同时，要懂得灵活变通

领导思维是一场旅程，而不是一个终点。它是一场马拉松，而不是一段冲刺跑。它是一个过程，而不是一个结果。

易贝公司总裁约翰·多纳霍

我们要规划自己的人生。如果只是把计划交给你，人生就不会精彩纷呈，惊喜连连。然而很多人都不喜欢这种惊喜。

想想你的家庭假日，什么故事会被不断地讲述？最难忘的通常都是容易出错的，或者是没有按照计划进行的事情。也许是熊袭击露营地的故事；也许是你在迪士尼乐园体验惊险之旅时，设备突然停止运转，你被倒吊在半空中的故事；还可能是一名法国餐厅的服务生，操着蹩脚的英语把你赶出餐厅的故事。当我们谈论我们在旅途中所遇到和克服的挑战时，这就是旅行的意义——走出安逸的环境，体验冒险的感受。如果我们仔细想想，人生无疑就是一次大冒险。

我们在工作中也同样如此。如果我们能确认现在遇到的问题是我们过去亲身经历的，或者能借鉴其他引领者的经验，那将有助于提高我们的领导地位。例如，当社交媒体出现时，很多（尤其是 B2B 领域）公司都认为它并不适用。然而如果他们能回顾过去所遇到的挑战，就会发现他们曾经遇到过类似的问题——只是形式不同而已。虽然如今看来有点可笑，但很多 B2B 公司一开始就认为谷歌只能面向 B2C。就像社交媒体一样，他们把搜索扔在一旁。历史又再一次重演了，因为没有人在第一时间倾听。这些引领者和公司错误地认为，会出现与谷歌类似、为 B2B 量身定制的搜索引擎，因此他们一直在等待，但这种搜索引擎一直没有出现。他们没有意识到，在当今科技高度发达的互联网时代，个人使用的技术同样适用于公司。

当社交媒体出现时，某些公司却反其道而行，他们走向了另一个极端。他们试图成为社交媒体网络——在公司网站上提供照片分享、通知和状态更新。如果他们仔细思考，就会发现，同样的事情在世纪之交时也发生过——门户网站（如 MyYahoo!）就是当时的“Facebook”。很多电信商开始在用户账单旁边显示天气预报、体育比赛成绩和财经新闻。但他们发现，顾客还是会到 MyYahoo! 看其他信息（比如说，新闻、天气、股票、游戏）。顾客只是想在电信网站上查看并缴纳话费；其他功能越多，这个过程就越复杂，他们就越沮丧。他们上公司的网站仅仅是想交话费而已。

作为互联网时代的引领者，你需要具有发现潜在问题的能力。当我们面对挑战时，想要发现潜在的问题，最好的方法就是问自己和同伴一下这些问题：我们以前面对过什么较大的网络化挑战吗？我们哪方面做得好，哪方面做得不好？它与我们目前面对的挑战有何相似之处吗？随着技术的不断进步，今后我们每周都要处理几次技术难题，而不再是一年只遇到几次技术难题。

在我写这本书的时候，有 50% 以上的公司禁止员工使用社交媒体。如果这些企业的引领者回过头来看看就会发现，过去公司之所以禁止员工使用谷歌，是因为他们认为在谷歌上搜索是在浪费时间。因此，不论是在生活还是事业（我认为它们是分不开的）中，我们都需要走出安逸的环境，去享受冒险。这将为我们提供面对前方更艰难挑战的经验。

生活在不断变化，我们必须做好准备，以便能有效地适应和应对生活和工作中所面临的各种挑战。人生最初的需求也会随着时间的变化而大有不同。很多人花太多时间在梦想和规划人生之路上了，而不是采取行动，做一些具体的事情。这就是本书的前三部分讨论简约、忠诚和行动的原因。你的身边一定有这种人——他们是优秀的策划者，却从不动手或一事无成。人生需要的是放手一搏。

做好人生的规划

既然生活在不断变化，那我们为什么还要规划呢？如果我们起床后就急着去公司，那我们的形象一定非常糟糕——凌乱的头发、皱皱巴巴的衣服和嘴里不够清新的口气。我们需要花点时间来规划——牙膏、洗发水和熨好的衬衫，花点时间洗澡，以适应生活的节奏与变化。

有些变化会比较缓慢，比如说社会价值观或社会结构的变化。而其他变化（如数字媒体的出现）要快得多。重大事件（如 2008 年的金融危机）发生在一瞬间，但它们造成的影响却会持续很长一段时间。不管是哪种情况，变化都是不可避免的，我们要么跟随它的脚步，要么被远远甩在后面。这个观念在数字媒体、社交网络和技术进步的互联网时代尤为重要。想想社交网络中的变化——曾经占据主导地位的社交网站 MySpace 已经过时，而 Facebook 在几年内就迅速成为一种全球现象。但 Facebook 的末日也会到来，只是什么时候到来而已。Twitter 首次亮相主流媒体时，很多人都不愿意使用只有 140 个字符的新型微博客，但到 2011 年为止，全球已经有 2 亿多 Twitter 用户。如果不能充分地利用这些互联网新资源的话，那企业只能错失良机。

计划固然重要，但严格按计划执行也有可能会引发其他大的问题。与处于互联网改革最前沿的企业相比，后期才采用互联网技术的公司注定会失败。

作为企业引领者，一定要在全公司范围内推行这些不断变化的新技术，想尽一切办法让员工和其他管理人员参与其中,并为此感到兴奋。如果计划需要调整，就采用能够利用变化的计划，而不是坚持原来制订的计划不变，尤其是当它已经阻碍和有损于你的形象和收入时。

计划、规划和愿景非常重要，但想要成为互联网的引领者，关键在于当意外发生时要灵活应对，这有时会有超出控制的外部因素，这就需要我们采取不同的方式来实现我们的目标。

我在全球最大的汽车企业上班时，我们做了几个网络化营销方案——将我们的加宽车型与其他加宽项目做对比。例如，加宽的滑雪板（抛物线型）能让你更好地保持平衡，加宽汽车能够提供更好的转向控制。我们花了一整天时间来拍摄照片——与某知名高尔夫品牌的大杆头做对比。我们对所做的这一切感到无比兴奋，在没有事先获得这家公司的批准的情况下，就告诉该高尔夫球制造商活动进行的时间。想当然地认为他们会因节约了几百万美元的广告费而感到高兴，欣然接受这一切，而事实并非如此。他们表示我们不能使用所拍摄的照片中的任何一张。无奈之下，我们修改了球杆的外观和形状，但这样就会让观众无法看到品牌的名字了。

于是我不得不面临巨大的挑战：我不仅因花了公司数千美金，很可能必须偿还这笔钱，还让我在顾客眼中显得不够专业。于是为了弥补这一切，我又联系了另一家知名的高尔夫球制造商，并向他们解释了我们的打算。他们不仅乐于参与，还愿意免费提供 100 个高尔夫球杆，让我们可以用于经销商抽奖环节和举办在线竞赛！我们还将这个想法推荐给滑雪板制造商，他们很愿意为我们的网络化合约顾客免费提供一些产品。通过这种灵活的方式，我们绝处逢生，并从这个巨大的挑战中获益。

虽然在个人生活中我们能够做到灵活变通，但有时我们会忘记将这种冒险态度应用到商业生活中去。如果你在未来的互联网时代不能做到灵活变通，或者没有冒险精神，那就很难成功。

苹果的成功：史蒂夫·乔布斯

虽然本章一直在鼓励要懂得灵活变通，但当涉及能否做真实的自己时，你就不应该退让（第5章）。通向目标的道路通常是曲折的，路上很少铺满了玫瑰，沿途很可能会有很多烂苹果。这些烂苹果可能是你故事的一部分。下面的文章节选自史蒂夫·乔布斯2005年在斯坦福大学毕业典礼上的演讲，以说明了我们的奋斗旅程是多么曲折：

我20岁时和沃兹（斯蒂夫·沃兹尼亚克）在我父母的车库里创办了苹果公司。我们拼命工作，苹果公司在十年间就从一间车库里的两个小伙子，迅速发展壮大成为拥有4 000多名员工、市值达到20亿美元的企业。在那之前的一年中，我们推出了我们最棒的产品（Mac电脑），而我自己刚迈入人生的第30个年头，就被炒鱿鱼了。

虽然当时我没有意识到，但现在看来，被苹果公司炒鱿鱼是我经历过最好的事情。尽管前途未卜，但成功之后的沉重感被从头来过的轻松感所取代，对任何事情都不再那么看重。

这让我进入了一生当中最富有创造力的时期之一。在接下来的5年中，我创办了Next公司和皮克斯（Pixar）公司，我还爱上了一位了不起的女人，她后来成为我的妻子。

你的工作将填满你生活的一大块，唯一获得真正满足的方法就是做自己认为是伟大的工作。而唯一做伟大工作的方法就是热爱自己的工作。

如果你还没有发现自己喜欢什么，那就去不断地寻找，不要急于做出决定。

就像一切要凭着感觉去做的事情一样，一旦找到了自己喜欢的事，感觉就会告诉你。这就像任何一种美妙的关系，历久弥新。所以要不断寻找，直到找到自己喜欢的东西。不要半途而废。

乔布斯的人生轨迹和他设想的有所不同，但最后他还是获得了成功。想想自己的人生。回头看看你人生中的类似情况，又是什么结果？你有没有借鉴这些经验，让你更接近自己所制定的目标？还是让这些改变阻碍你，让负面情绪吞噬你？因此，一定要在奔向目标的道路上懂得灵活变通，坚定自己的目标。

人生印记 **奥斯卡·莫拉莱斯**

有时要成为互联网时代的引领者需要勇气，而勇气正是 35 岁的哥伦比亚软件工程师奥斯卡·莫拉莱斯（Oscar Morales）所拥有的。他知道他的人生使命就是回馈社会和祖国哥伦比亚。

有一天，莫拉莱斯终于等到了可以帮助国家的机会降临，他立刻就采取了行动。新闻报道说哥伦比亚无情残暴的游击队 FARC（哥伦比亚革命武装力量，Fuerzas Armadas Revolucionarias de Colombia）将释放一名作为人质的男孩。他是在母亲被劫持后出生的。然而后来发现这个 4 岁的小男孩并不在 FARC 手中——他在两年前就被丢到了森林中。一个搜索小组随后发现了这个男孩，但他已经因为肩膀受伤、疟疾和结核而奄奄一息了。

莫拉莱斯为这个小男孩的故事感到愤怒，而且再也不想生活在 FARC 的恐惧中。他觉得其他人也这么想。于是他决定将站出来反抗 FARC 作为自己人生的部分使命。在之前对 FARC 的抗议活动中，人们都出于安全目的没有透露他们自己的身份。莫拉莱斯希望采取一种不同以往的网络方式，他创建了一个 Facebook 页面——“反对哥伦比亚革命武装力量的 100 万个声音”，让人们使用真实身份，利用集体声音的力量来对抗 FARC。然而这样做也非常危险，因为莫拉莱斯及其家庭成员收到了 FARC 的死亡威胁。在 400 000 多名志愿者的帮助下，在创建该 Facebook 页面不到一个月的时间内，全球 40 个国家、

200 个城市的 1 200 多人冲上街头表达了对 FARC 的抗议。

莫拉莱斯说："我们预计很多人会响应我们，但没想到会有这么多、这么迅速。"

莫拉莱斯说这次游行的目的就是："我们不能容忍绑架，我们希望自由。"几个月后被释放的人质说，他们在收音机里听到了这次游行，是它给了他们活下去的希望。此外一项新的法律规定，以前参加过 FARC 的成员只要坐 8 年牢，然后就可以获得教育和住房，于是很多人选择退出了 FARC，很多 FARC 成员离开游击队重返社会。

如果没有 Facebook 上的这次运动就不可能取得如此大的成功，把网上行动和实际行动结合起来也是非常必要的。莫拉莱斯指出："当网上运动和现实生活联系起来时，才更有可能成功。"莫拉莱斯一直坚信这次意想不到的机会可以改善社会，于是他就决心放手一搏了。

适应不断变化的商业周期

在全新的互联网时代，灵活变通将变得更加重要。很多企业都会制定 10 年和 15 年的规划。在日本和中国，规划期会更长。然而商业周期正变得越来越短，因此，企业越来越难以保持行业的领先地位。从 1982 年开始，组成道琼斯工业指数（DJIA）的 30 家公司里，有 21 家已经被其他公司所取代。这一统计数字令人难以置信：在不到 20 年的时间里，全球最大的企业中，只有 30% 被认为有资格留在 DJIA。

AOL（美国在线）、雅虎、MySpace 和易贝只保持了几年的领先地位。Facebook、谷歌、苹果等公司也会面临相似的周期，或者套用 Facebook 创始人马克·扎克伯格的话："我们的竞争者还没有出现。"

财富 500 强公司的营销总监（Chief Marketing Officer, CMO）让我帮他制

订一个 5~7 年的营销计划。我解释说，2007 年 Facebook 还不是访问量最高的 20 个网站之一，但到了 2011 年，它就成为全球访问量最高的网站。这一切发生的时间跨度还不足 5 年，所以我建议他，虽然 5~10 年的规划很有价值，但如果将注意力放在非常灵活的 6 个月 ~2 年的规划上，公司会得到更好的发展。而且介于商业环境的不确定性，公司应该制定一系列备选方案（或“假定方案”）以及相应的行动计划。这样当不测事件发生时，公司可以立即采取行动。

我曾经在一家小企业工作，他们想改善公司的移动应用程序和移动网站。于是公司团队就立刻开始研究其外观、产品需要提供的功能、具体的语言和其他细节。讨论马上进入白炽化，这时有人提出一个问题：我们的目标是什么？屋里顿时鸦雀无声，没有人能够回答这个问题。此时应该向后退一步，先制定出 4 个关键问题，这也是开始互联网项目前必须要回答的问题：

1. 目标：怎样才算成功？我们正在完成什么？如何衡量它？最重要的是，它如何为我们的顾客、客户或志愿者（非营利性）提供帮助？

2. 策略：实现我们目标的计划是什么？

3. 行动：执行这个策略，需要采取什么样的决定性行动？

4. 快速应急计划：我们唯一能确定的就是，事情不会总是按计划进行。尽我们所能，应该制订什么样的应急计划？

> 最坏的情况是没有解决方法。因为什么都没发生，你就是在浪费时间；如果发生了，那你就浪费了两次。
>
> 迈克尔·J·福克斯

对于企业、机构还是个人的发展而言，明确的目标、可靠的战略、果断的行动和快速部署的应急计划都会让你受益匪浅。

互联网行为建议

你的互联网指南

几天或几周就定期回顾博客、电子邮件和短信是很好的做法。网络文献的内容和你的人生愿景一致吗？还是你已经改变了路线？正如我在《颠覆：社会化媒体改变世界》一书中所强调的，我们不应该回头看“我们做了什么”。而应该通过你在网上发布的文章，可以随时观察生活中发生的变化。

互联网工具让我们随时可以看到我们的成就（或没有达到的成果）。通过检查网络化足迹来充分利用它们：你一直在坚持你的目标吗？如果不是，就想清楚如何采取正确的行动，或如何迎接你正在面对的新挑战和变化。要记住的是，重要的并不是目的地，而是旅程——记住你过去的目标，并灵活地前进，实现自己的新目标。

设定自己前行的路线

问一个没戴手表或没有距离标志的马拉松选手跑了多远时，她无法回答这个问题，因为她没有相应的信息。你需要设计自己的路线，否则别人就会控制我们的命运。虽然我们无法总是选择正确的人生道路，或者路线可能会改变，但如果我们能绘制自己前行的路线图，那至少能了解目前我们所处的位置和目的地。

在互联网时代，我们很容易走错路。过去我们的选择是，是否要在网上销售我们的产品，需要投放多少广告才能把用户吸引到网站？而现在的问题包括：我们是否应该通过手机销售产品？互联网营销怎么样？我们要禁止员工使用社交媒体吗？如果我们给顾客发送客户服务响应短信，他们会不会认为这是一种侵犯？我们对 StumbleUpon 的使用足够好吗？我的小企业给当地社区足够的回馈了吗？还是由于我们的疏忽而遭到他们在博客上的批评？我们的非营利项目需要在网上征求志愿者，我们会因此失去太多的控制吗？我的企业是要在 Twitter 上和对我们满意的客户打交道，还是只回应那些对我们不满意的客户？我们是否允许客户在网上评价我们的产品？作为 B2B 公司，我们是否应该在 LinkedIn 上进行社区讨论？我的企业是否应该购买国际 URL 域名，以便将来公司的扩展？我们拥有所有的国际网络化的商标吗？

人生就像彩色玻璃窗。阳光出现时，它们就会闪耀着耀眼的光芒，绽放出绚丽的色彩；但当夜幕降临时，只有内在的光泽，才能展现出它们真正的美丽。

伊丽莎白·库伯勒－罗斯

只要不分散我们的注意力，选择和变化就没什么不好的。制定目标后，你可能会走错方向，可能会经历失败，但要记住迅速失败、在失败中前进和更好地失败。要灵活地处理你面对的所有挑战，而不是偏离人生真正的使命。

第13章

重塑自我

人生是由自己创造的，过去是，将来也是。

摩西奶奶

英特尔公司CEO安迪·格鲁夫曾经说过："如果董事会接管了公司，他们会做些哪些和以往不一样的事？为什么我们现在不这么做呢？我们为什么不能走出束缚，做点他们（董事会）会做的事情呢？"

不妨进一步思考一下格罗夫的说法，问问自己："如果你、你的企业或产品不存在了，会对社会产生什么损失？对你的家庭呢？"如果答案没有什么不同，那你就应该重新考虑自己的目标了。要不断问自己："以后我想干什么？"互联网的引领者会给世界留下永恒的印记。如果你认为你的离开不会对公司、教堂、机构或非营利组织产生任何影响，那你就没有创造出足够大的印记。你很可能会被鸭子"蚕食致死"，也就是说你太过关注小事，总是关注最新的网络事件，而职业或人生计划却没有任何进展。

好在无论何时追逐梦想或制订新计划都不算晚。就像前面所讨论的，历史上最成功的企业家52岁时才刚刚起步。让我们先来看看雷·克拉克的故事。

麦当劳创始人雷·克拉克

> 我 52 岁了，患有糖尿病和早期关节炎。在早年摘除了胆囊和大部分甲状腺，但我始终相信，人生最好的时光一定在前方。
>
> 雷·克拉克

4 岁的雷·克拉克被父亲带到一位颅相学家面前，他能根据人的头骨形状判断一个人的命运。这名颅相学家告诉小雷·克拉克，他有一天会从事餐饮行业。

这个预言过了 50 年后才成为现实，在此之前，克拉克先后开过救护车、卖过纸杯，甚至还弹过钢琴。但新世纪来到时，克拉克和全世界的等待都是值得的。正如雷·克拉克所说："我的确是一夜成功，但之前的 30 年对我而言，简直就是一个非常非常长的夜晚。"

1954 年，52 岁的多功能搅拌机推销员克拉克拜访了加州圣贝纳迪诺的麦当劳兄弟，希望可以多销售几台多功能搅拌机。其结果却是造就了历史上最伟大的创业故事。

> 富有时，很容易遵守原则。重要的是在贫穷时也能遵守原则。
>
> 雷·克拉克

"我去了加州，因为从来没有人一次性订购 8 台多功能搅拌机。于是我去了这家餐厅，然后让我大吃一惊。我排着队和人们聊着天，并告诉他们我从来就没有因为买汉堡包排过队。他们说很高兴听你这么说。他们制作的汉堡包价格是 15 美分、炸薯条 10 美分、奶昔则是 20 美分——这就是他们的全部菜单。他们还为之配有可乐、橙汁和根汁汽水，但这些并没有包含在菜单中。餐厅显得非常简洁，非常容易控制，也非常干净和有秩序，于是我对他们说道：'这仿佛就是为我准备的。'"

雷看不到销售多功能搅拌机的未来，但他看到了汉堡和薯条的发展前景。虽然有风险，但克拉克的创业精神占了上风，1955 年 4 月 15 日，他在伊利诺伊州的代斯普林斯开了他的第一家麦当劳餐厅。三年后（1958 年），第一家麦当劳餐厅销售了 100 万个汉堡。到了 1965 年，共有 700 多家麦当劳特许经营餐厅都实现了年销售 100 万个汉堡的业绩。特许经营餐厅的快速增长主要是得益于“全世界所有的麦当劳餐厅都干净一致”的口号。

正如我们将在“法则 5：人才”中要讨论的一样，克拉克知道单凭自己的力量无法取得成功，于是他选择了一条完全不同的路：说服加盟商和供应商，和麦当劳一起发展。他喊出了这样的口号：“为自己工作，而不是独自工作。”他的人生哲学基于“三脚凳”这个简单的原理：第一条腿是麦当劳，第二条腿是加盟商，第三条腿是麦当劳的供应商。只有三条腿的凳子才会非常坚固。

> 如果你只为金钱工作，你永远都不会成功。但如果你热爱自己的事业，总是把顾客放在第一位，那么成功就会属于你。
>
> 雷·克拉克

互联网行为建议

选择一位网络导师

重塑自己很难，你不妨选择一位网络导师，会对你有所帮助。确定你最钦佩的引领者，然后每天至少花 20 分钟来观察他 / 她的行为。要注意：

他 / 她在和谁交谈？

他 / 她发帖的主题是什么，以什么语气说的？

他 / 她发帖的原因是什么？

他 / 她通常都在什么时候发帖？

他 / 她把帖子发在什么地方？他使用哪种工具或网站？

最好的网络导师通常是本行业或和你志同道合的人——让你感兴趣的人。向这些导师学习，并实践一下他们的行为。

克拉克于 1984 年 1 月 14 日去世，享年 82 岁。据估计，他的遗产达到 5 亿美元。他的激情让他获得了此成就。即使被束缚在轮椅上，克拉克依然每天坚持去自己位于圣迭戈的办公室。他密切留意着办公室附近的麦当劳餐厅，经常会打电话给经理，提醒他把垃圾捡起来，晚上的时候要开灯。

> 运气是汗水的回报。流的汗越多，运气就越好。
>
> 雷·克拉克

从雷·克拉克的故事中可以看出，无论何时何地都能找到激励自己前进的动力。达拉·托雷斯（Ray Kroc）在41岁时才获得奥运会金牌，而当时和她竞争的游泳选手都只有17岁~21岁。她成功的关键是什么？那就是“己所不欲，勿施于人。不要让年龄成为自己实现梦想的障碍。”

虽然托雷斯和克拉克都不是网络化专家，但他们让我们清楚任何时候重塑自我都不算晚。他们没有可以使用的互联网工具，一路走来非常艰辛。假如你是负责为全球最大的非营利组织筹款的老奶奶，互联网领导思维的概念同样适合你，因为它们就像是要成为下一个Lady Gaga的年轻人。“我不可能学习这些互联网高科技手段，我不可能将自己重塑为互联网时代的引领者”——这样的态度都是在逃避。首先，没有人能够跟上所有的互联网挑战；其次技术的每次进步，都只会让工具变得更容易使用。Twitter就是一个范例。只需要三分钟就可以注册一个账号，然后就可以在Twitter上发帖，而且不超过140个字符。

人生印记　美航1449航班的幸存者里克·埃利亚斯

里克·埃利亚斯（Ric Elias）是2009年1月15日美航1549的幸存者之一，机长沙林伯格（Sullenberger）成功地将飞机迫降在哈德逊河上。2011年3月，他在TED演讲中讲述了自己从这次坠机事件中学到的三件事，并给出了以下建议：

瞬间内一切都改变了。我们的人生目标清单，那些我们想做的事情；所有那些我想联络却没有联络的人；那些我应该修补的围墙、人际关系；所有我想要经历却没有经历的事情。

我后悔竟然花了很多时间和生命中重要的人讨论那些不重要的事。我决定彻底除掉我人生中的负面情绪。

我突然感觉到死并不可怕，就好像我们一直在为此做准备，但同时很令人悲伤。我热爱我的生命。这种悲伤的主要来源是我只期待一件事。我希望我能够看着我的孩子们长大……最重要的是，我人生唯一的目标就是做一个好父亲。那天我经历了一个奇迹，我活下来了。同时我得到另一个启示，像是看见自己的未来，再回来改变自己的人生一样。

伟大的赞佩里尼

我们在生活中会遇到障碍，会被别人冤枉。虽然我们无法控制事情的发生，但可以控制自己对这些消极经历的反应。当现代社会或技术让我们不知所措时，或者让我们偏离正常轨道时，都要停下来，想想路易斯·赞佩里尼（Louis Zamperini）的故事。

路易斯·赞佩里尼出生于 1917 年，他小时候是一个不良少年，常常做一些违法的事情。为了帮助他，哥哥皮特鼓励他参加高中的田径队。很快一个明星就这样诞生了——赞佩里尼获得了南加州大学（USC）的奖学金。19 岁的赞佩里尼成为 1936 年奥运会最年轻的长跑运动员。虽然最后输给了资格较老的竞争者，但赞佩里尼还是获得了第 8 名，成为世界上最后几圈跑得最快的运动员。希特勒对他印象深刻，还和他握了手。1938 年，赞佩里尼还创造了 15 年都未被打破的全美大学生一英里长跑纪录。很多人猜测赞佩里尼会成为 4 分钟内跑完一英里的第一人。赞佩里尼的目标是 1940 年的奥运会冠军，可惜的是这个梦想永远都无法实现。

美国被卷入了第二次世界大战中，1942 年赞佩里尼被派往南太平洋，成为 B-24 轰炸机上的投弹手。在成功地完成几次轰炸任务后，赞佩里尼和机组成员坠入了大海。11 名机组成员中只有 3 人幸存下来，其他 8 人丧生。赞佩里尼和其他两个幸存者挣扎着爬上了一艘救生筏。一个晚上他们的食物就吃完了。从那之后，他们只能依靠喝雨水和吃他们能获得的任何食物勉强生存。他们会杀死落在救生筏上的信天翁，还会吃腐烂的肉。偶尔他们能幸运地抓到不断在救生筏下面盘旋撞击的鲨鱼背上的引水鱼。

为了避免精神错乱，他们三个人不断向对方提问，并讲一些关于回家的故事。第 41 天一个同伴死了，他们把他葬在了海里。在漂了将近 2 000 英里的第 47 天，他们终于看到了陆地。但他们的喜悦很短暂，因为他们被日本军俘虏，并被投放到一个没有在红十字会注册的战俘营。美国政府宣布赞佩里尼死亡，举国哀悼。

日本人对待战俘非常苛刻，在南太平洋战争中被俘获的美军俘虏的死亡率超过 33%。在战争结束前，赞佩里尼每天都忍受饥饿、折磨和严刑拷打，经常会被折磨得失去知觉。幸运的是，赞佩里尼坚持到了能回家的那一天。然而他的身体被严重摧残，以至于他无法再参加赛跑。他还患上了严重的创伤后压力综合征，并开始酗酒。当比利·格雷汉姆（Billy Graham）改变了他的生活时，赞佩里尼正准备离婚。赞佩里尼原谅了那些俘虏他的日本人，并几次以个人名义飞往日本。那些曾经虐待他的警卫如今被关在监狱里，他们很困惑赞佩里尼为什么会给他们带来拥抱和圣经，而不是鄙视和轻蔑。

> 我们要坚持自己的愿景。在细节上要灵活……不要轻言放弃。
>
> 杰夫·贝佐斯

赞佩里尼获得了新生，作为励志演说家，他感动了全球成千上万人的心灵。他已经成为人类意志力的象征。他于 1998 年 1 月再次来到日本，作为奥运会火炬传递手传递圣火。他上过的托伦斯高中把它的体育场命名为赞佩里尼体育场。2004 年，南加州大学将田径赛场的入口广场命名为路易斯·赞佩里尼广场。

虽然赞佩里尼的生活偏离了原来的轨道，但他克服了生活中所有的挑战，在最艰难的岁月中重塑了自我，最终实现了自己的目标。尽管我们大多数人一生都不会遇到这样的情况，但当我们觉得很难改变通向成功的道路时，应该从赞佩里尼的故事里获得鼓励。如果我们认为只有一条路能通向成功，那么这条路一旦不通，我们就会失去所有的希望。如果赞佩里尼认为成功的唯一方式就是田径，那他可能会一直悲观下去。比起获得一枚金牌，现在的他能对更多的人产生积极影响。作为互联网时代的引领者，我们应该有更多的方法和机会来有效地改变我们的人生，进而改变其他人的人生。

互联网行为建议

让你的视频疯传的五个秘诀

如果发现对自己的个人或工作生活不满，就要寻找一种积极的方式来重塑自己，甚至是公司。改变你自己，或者对公司某些方面做出整顿，可能是实现自我满足的第一步。视频是网络化足迹的重要组成部分，因此可以利用它来创造个人或专业的改变。

要记住的是，所有视频都可能会快速传播，因此一定要表现出自己最好的一面—— 一旦视频被传到了网上，它就有了自己的生命。如果你的视频迅速传播，你的网络化足迹就会成倍增长，如果它能正面描绘你或你的公司，那么你就能很幸运地获得了良好的声誉。但“传播”并不是视频战略：我们无法控制哪些内容会被快速传播，观众才是控制者。但我们可以采取 5 个步骤，让我们的视频能更快速地传播。

1. 好听的音乐。除非你的视频内容是关于可爱的小宝宝或特别的小猫咪，否则你选择的音乐就非常重要。YouTube 的内容识别系统允许你使用受版权保护的音乐。视频中会弹出一个窗口，列出歌名和艺术家，允许用户点击来购买这首歌。YouTube 和唱片公司会均分这首歌的收益。

我建议你找到与你要制作的视频相似的、在网上疯传的视频，看看他们使用的是什么音乐。你可能会使用这段音乐，因为它已经被证明是成功的，而且唱片公司的老板也允许你使用。

要记住的是，你的想法并不是最新的——写这本书时，每分钟有 48 小时的视频被上传到 YouTube 上。研究一下与你想法类似的视频，注意这些视频中有效和无效的内容。

2. 简明扼要。一定要把视频控制在 5 分钟以内；最好是一分钟左右。盖伊·川崎 在《魅力：苹果的魔法》（*Enchantment*）一书中使用了 Visible Measures 调研公司的数据：19.4% 的观众会在前 10 秒钟放弃这个视频，44% 的观众会在 1 分钟放弃观看该视频。使出浑身解数来吸引并留住观众的注意力。不要制作永远都不会被观看的视频高潮。

3. 观众为王。只有观众才能让视频快速传播。我们总是站在能从观众那里得到什么的角度去制作视频。这种方法是不正确的。我们需要不断问自己，我给观众提供了有价值的东西吗？他们想从中得到什么？

4. 其他目的。不要只抱着能让视频快速传播的想法制作它。制作视频时，心里要有明确的目的。如果它得到了快速传播，也只是因为你遵循了上面的三条建议，而获得观众的青睐才是额外的奖励。

5. 分享。如果有人想将你的视频用在他们的演示文稿（或其他目的），大方与他们分享原始文件即可。虽然的确有一些人怀有恶意，但只是少数。大多数人会给你的视频带来更多关注。他们还可能让这个视频变得更酷，你可能想都没想过。

我自己根据上述这 5 个建议，制作了一些解释社交媒体力量的视频放到网上，观众迅速地传播了这些视频，让它们成为全球最受欢迎的社交媒体视频。

激情教练乔老爹

宾夕法尼亚州立大学著名的橄榄球教练乔·帕特诺（Joe Paterno）说自己的激情就是教导美国青年人的最好素材。他不是在课堂上教导他们，而是在橄榄球场上。除了是一位好老师外，他还是历史上赢得橄榄球比赛最多的教练。

被亲切地称为“乔老爹”的他 80 岁时仍在执教，并已经入选橄榄球名人堂。他就是一个活着的传奇。

1950 年从布朗大学毕业后，乔的父亲曾质疑过他将橄榄球作为事业的举动：“天哪，你上大学到底是为了什么？”乔没有理会父亲的质疑，而是义无反顾地追随着自己的激情所在，在宾夕法尼亚州立大学追寻他的梦想。在他的职业生涯中，帕特诺曾先后拒绝了执教密歇根大学狼獾队、匹兹堡钢铁队和新英格兰爱国者队所承诺的丰厚报酬。

在宾夕法尼亚州立大学橄榄球队努力赢得橄榄球比赛的 2000 年 ~2004 年期间，曾有很多人质疑乔，要求他从主教练下台。对乔来说，这不只是一份工作，而是他的激情，他不想放弃。但他意识到，如果他不能让球队夺冠，他就对不起这些年轻人和宾夕法尼亚州立大学橄榄球队的球迷们。

2005 年 5 月，帕特诺在迪尤肯俱乐部（匹兹堡）的一次演讲中宣布，如果这个赛季球队仍然毫无起色，他就要考虑辞职了：“如果我们不赢几场比赛，我就滚蛋。就这么简单。”宾夕法尼亚州立大学橄榄球队在这一年里，以 11 胜 1 负的成绩夺得了十大联盟联赛的冠军；在 2006 年橘子碗比赛中击败了佛罗里达州立大学橄榄球队。2010 年球队进入前 25 强。更重要的是，他们的毕业率是前 25 强球队中最高的，位于全国所有大学橄榄球队的 89%。 2011 年是乔在宾夕法尼亚州立大学执教的第 62 年。在校园里经常能看到“乔老爹”吃着他最喜欢的冰激凌——“桃色帕特诺”。

即使你是最成功的教练和名人堂的成员，有着以自己名字命名的冰激凌，还是会在前进的道路上遇到障碍。你不可能让每个人都满意。关键是要不断尝试。千万不要认为取得成功后就能坐下来休息了。

“乔老爹”60 年后仍在执教的原因是：他热爱着自己的工作，他知道人生是一场旅程，而不是一个终点。如果是为了“终点”，那他完全可以在第一次获得全国冠军称号后就撤手不干了。然而他还继续担任主教练。他的信仰始终没有改变过，但他却做到了与时俱进，否则他就不可能继续获胜。互联网时代的引领者也是如此，今天有效的，明天不一定还有效，因此我们需要不断前进。

在本书出版之际，帕特诺的顶级助理（在宾夕法尼亚州立大学执教 30 年）卷入了一场性丑闻。他被指控从 2002 年开始就一直猥亵男童。虽然帕特诺并没有承担刑事责任，但他还是受到了道德的谴责。虽然他没有直接参与，但这种行为永远玷污了他的名誉。帕特诺会实践本书中提到的这些内容，以维护自己在宾夕法尼亚州立大学校园的名声吗？还是披露出来的丑陋真相会永远玷污他的声誉？如果他被指控更多的罪行，那他的名声就会遭到破坏。如果你身边有一些不三不四的人，那总有一天你也会被拖下水。想想这件事情是如何被揭露的，它涉及我们在书中讨论的所有领导思维和遗产。帕特诺的一生的声誉将取决于所发生的事情。更重要的是，让我们为那些受害者祈祷。

让人们产生失落感的伟人

我们要养成随时检查网络化足迹的习惯。这样有助于我们了解自己是否在朝着正确的方向前进。此外，我们还可以判断我们是否留下了重要的印记？是否给其他人和社会带来了积极影响？其他人转发我们发布的内容了吗？人们回应或评论它们了吗？人们是否把我们日常生活中的积极行为发布到网上，从而使我们的网络痕迹得以产生？

> 我期待着好运的降临，同时也做好了最坏结果的准备。
>
> 蒂姆·费里斯

如果我们离开目前的位置，会让别人产生失落感吗？比尔·盖茨在离开微软时，让人们产生了失落感。斯蒂芬·乔布斯的去世，也让人们产生空虚感。兰迪·波许（Randy

Pausch）的去世同样让人们产生空虚感。乔·帕特诺退休后，也会让人们产生空虚感。我们只是忙于自己的工作，还是在改变世界？如果答案是我们没有留下任何痕迹，那现在是时候重塑自我了。可以借用互联网工具帮助我们继续前进。

成为互联网时代高效引领者行动指南

* 目标坚定，方法灵活；
* 网络化足迹会随时提醒你在如何生活；
* 制定大胆的、甚至让人觉得可笑的目标；
* 成功是一种选择；
* 付出才有回报；
* 亡羊补牢，为时未晚；
* 好好生活，就好像你被赋予了第二次生命那样。

PEOPLE

法则5

人才

互联网时代，仅凭一己之力无法取得成功

1. 朋友和追随者都是网络化货币，要尽早并经常对他们投资；
2. 只凭自己无法取得成功。不管是在网上还是现实生活中，要学会和优秀的人待在一起；
3. 有些事情最好是在线下处理。

SIMPLE简化：成功是简单化和聚焦化的结果

TRUE忠诚：忠于自己的激情

ACT行动：不行动的话什么都不会发生——迈出第一步

MAP路径：获得成功所需的目标和愿景

PEOPLE人才：互联网时代，仅凭一己之力无法取得成功

第14章

人际关系 = 网络化货币

这个世界的问题是我们对家人的定义太小了。

特蕾莎修女

你的社交网络有多少好友？有多少粉丝？有多少外国人？你的影响力得分是多少？这些问题都是年轻人时常谈论的话题。从统计学衡量我们的人际关系是全新的概念，但人际关系的重要性却一如从前。你还记得这句老话吗——“重要的不是你懂什么，而是你认识谁”。这句话在互联网时代也同样适用。

戴尔·卡耐基的《人性的弱点》于 1936 年首次出版，如今仍是全球最畅销的图书。虽然我们不知道互联网的未来会如何，但我们知道，人际关系（不管是在网上还是现实中）始终都是成功的必要条件。有时我们需要站在别人的肩膀上才能实现我们的目标。

如今，人们不再用个人成就来评判一个人，而是用他对社会的贡献来判断，这正成为一种积极的趋势，我们通常将它称为“社会公益”，尽管已经有很多书籍都对这个主题进行了很有见地的分析与讨论，但我仍然觉得应该在本章的开头介绍一下这个主题，因为它直接关系到我们如何创建自己最好的网络化足迹。

社会公益

2010 年，我有幸在南非世界杯足球赛开幕前做了一次主题演讲。在那里，我听到了由玛娅·安杰洛（Maya Angelou）转述的纳尔逊·曼德拉有趣的评论。他说："从个人层面上来说，人们不太可能记住你说过的话或你做过的事，但他们最有可能记住的是你如何对待他们。"他还阐述道："作为引领者，最好是在后方领导，让其他人站在前面，尤其是在庆祝胜利或好事发生时。但有危险时，你要冲在前面，这样人们才会欣赏你的领导思维。"

这种观点同样适用于企业，因为公众越来越关注这些机构如何经营生意。在比尔·乔治极富创造力的《真北》一书中，诺华公司的前 CEO 丹尼尔·魏思乐（Daniel Vasella）说："我内心的道德准则告诉我应该往哪个方向前进。当一天结束时，唯一重要的是我们为别人做了什么。"

在李维斯，多达 40% 的管理层奖金是根据他们在道德规范、人际关系和有效沟通方面的领导力来发放的。如今大多数交流与沟通是通过互联网技术来跟踪的，公司出于需要才采取这样的政策。

当我因这本书采访马尔科姆·格拉德威尔(《引爆点》和《异类》的作者)时，他指出如今根本性的转变已经发生，顾客希望与企业建立合作关系。从历史上看，顾客很难与企业保持持久的关系。然而在互联网时代，通过社交和移动技术的帮助，顾客更容易与企业或机构的某个人取得联系并一直保持下去。这种才能适用于大企业、小企业、学校、大学、非营利组织和机构。顾客知道如何选择时，就更容易提出要求。

互联网行为建议

完善LinkedIn个人资料

如果你在 LinkedIn 上的个人页面资料被认为不完整，就不可能收到同龄人对你页面照片或你要上哪所大学给出建议。LinkedIn 个人页面的右上角显示了你需要做出哪种调整才能完善个人页面资料——就这么简单。确保 LinkedIn 个人页面资料的完善不只对求职者非常重要。以下就是所有人和企业都应该具有完善的 LinkedIn 页面资料的主要原因。

在谷歌和必应中搜索时，LinkedIn 页面资料会出现在搜索结果的首位，因此一张好照片和良好的文字叙述就显得非常重要。

个人页面资料完善的用户收到面试邀请的可能性是页面资料不完善用户的 40 倍。

在搭建个人人际关系前就要完善它，LinkedIn 是这个过程的重要工具。

潜在的员工会访问公司的 LinkedIn 主页，以判断这家企业是否值得他们加入（它确实是把双刃剑）。

在考虑与你共用汽车、一起去读书俱乐部之前，其他家长会查看你的互联网关系。

很多人会通过你的互联网关系来判断你的状态。从职业方面来说，LinkedIn 是他们的首选。

可以把指向你网站或博客的超链接放在个人页面资料中，这样能为你带来访问量和“链接权重”（更多人会链接到你的网站）。谷歌会将你的网站 / 博客放在搜索列表中更高的位置，作为对访问量增长的奖励。

建立内在联系和社区

一家企业的好坏不单是由外部来作评判，还要由企业内部的员工来评断。星巴克品牌能够在 Facebook 社区获得成功并非侥幸。是感觉到自己与公司息息相关的员工把这种亲和力传递给了消费者。几十年来，一直被灌输星巴克企业文化的咖啡师们，把他们的思想天衣无缝地整合到网络化社区中。

这种联系源于星巴克 CEO 霍华德·舒尔茨的愿景。舒尔茨回忆说，在他 7 岁时，当装运工的父亲在冰上滑倒并摔伤了他的脚踝时，他的人生就被彻底改变了。这次事故让舒尔茨的父亲失去了工作，也让整个家庭失去了健康保险和经济保障。正是这次经历促使舒尔茨最终创办了一家全球性的公司。这家公司赖以生存的基础并不是拿铁和星冰乐，而是一个坚定的信念——让所有在公司工作的人都能得到尊重和照顾。即使是在星巴克的股票因 2008 年的金融危机而暴跌的时候，舒尔茨依然拒绝了削减员工医疗保险的建议。

舒尔茨说："这些早期的记忆一直伴随着我。我想创办一家我父亲当年没能遇上的公司，无论你来自哪里，你的皮肤是什么颜色，你的教育水平如何，都能得到尊重和重视。"舒尔茨从来没有想过，这一理念在几十年后会给星巴克的社交媒体尝试带来积极的影响。这给我们所有人都上了一课：在完全透明的世界里，做对社会有益的事情才有可能成功。

舒尔茨在《一路向前》一书中提到："消费者正迫使那些与他们有生意往来的公司提高自身标准，这其中就包括星巴克。没有哪家企业可以在惠及业务链各个环节上的相关人员之前，先满足股东的需求。对于我们，这就意味着要尽自己最大的努力尊重每个人，无论是种植咖啡的农民还是咖啡师，顾客还是同行。我知道要追逐利润而又不愿违背人类道德听起来有点狂妄，但我始终不愿放弃，即使是在星巴克和我一同处于迷茫的时候，我也不愿放弃这一原则。"

> 世界上最美好的事情是看不到摸不着的，要用心去感受。
>
> 海伦·凯勒

舒尔茨总喜欢在星巴克尝试一些新事物。他想给消费者更多发言权，因此推出了与顾客进行友好互动的网站 Greenstorm（后来改名为"我的星巴克点子"）来征求意见。他不是让星巴克营销团队的两三个成员负责，而是雇用了50个员工来帮助回答消费者的问题。迄今为止，网站已经收到1 000多个点子，而他们已经实现了其中的130个。

“我的星巴克点子”网站的想法并不是打造互联网领导思维的真谛。它的真谛是勇气和信心：相信50个人能够代表品牌，帮助品牌成长。它是一个关于建立在线社区、建立与消费者和合作者联系，相信消费者在社区中能够做到举止得体的平台。这个网络社区成为了消费者投诉的一个途径。舒尔茨爽快地承认不可能测试所有“可能出现的”情景。舒尔茨不喜欢细节管理，尤其是涉及到技术的东西。星巴克在不同网络媒体上的成功（Facebook、Twitter、Greenstorm）是因为它与员工、消费者和合作伙伴一起分享了它的成功。舒尔茨知道这不是他能控制的（即使他想控制），而且充满了风险，但他还是选择了相信与消费者和供应商的合作关系。

人生印记　从无家可归到哈佛大学

无论你是正走向人生巅峰，还是在努力维持成功，都需要其他人的帮助。所以当有人提供帮助时，你就坦然接受，哪怕是来自陌生人的帮助。在互联网时代，通常都是陌生人在帮助你。虽然莉斯·默里（Liz Murray）的大多数成就都是她自己努力的结果，但她知道，她也需要别人帮助她走出困境。

莉斯·默里从睡在纽约各个大厦的走廊上走向哈佛大学的殿堂。在母亲因艾滋病去世后，被父亲疏远的默里成为了无家可归的流浪女。默里在地铁站和走廊上完成了她的高中学业。《纽约时报》听说一名无家可归的高中生获得了全A的成绩后，就报道了默里的故事，随着这个故事的传播，她的人生也改变了。

“我开始收到很多鼓励信。有很多陌生人会给我带来蛋糕、衣服和书籍，甚至还会给我拥抱。我从来不相信有这么好心的人。但现在我相信了，是这些帮助过我的人永远改变了我的人生。我开始感恩我所拥有的，不再为我没有的东西纠结。人要学会知足，这是我们所有人都需要的自由。”

创建自己的互联网影响力

越来越多的人（尤其是有潜力的员工）开始关注他们的互联网影响力——他们的微博微信朋友圈中有多少联系人，他们对好友和粉丝有多大影响力（www.klout.com）。企业的引领者也清楚，如果从自媒体的角度来看，这意味着员工的人际关系越多，他们不仅能更好地为公司和品牌服务，还能帮助公司招聘新人，或帮助企业培训一个小团队。

如果新员工的人际关系网络足够广泛，那他们就是为公司招聘优秀员工的利器。作为"有所作为"（Do Something）组织的 CEO 南希·卢布林（Nancy Lublin）相信："千禧一代没有传统的界线感，也没有过时的隐私感。他们过着自在的生活，和上万人分享他们的生活细节……我把他们的这种坦率不失为好机会。比如说，如果我们的暑期实习生会把他在工作中取得的成绩发布到 Twitter 和 Facebook 上，就等于他把'有所作为'免费推荐给他人际关系网络中的 1 500 人。我现在会问求职者，他们的 Facebook 上有多少好友，Twitter 上有多少追随者。"很多企业开始采用类似的方法来招聘员工。如果两个求职者同时应聘同一个岗位：一个求职者的网络账号中有 3 000 名活跃用户，而另一个求职者只有 35 人。有 3 000 名活跃用户的求职者在招聘、推销新产品等方面会更具优势。

为了完成《人格决定寿命：为什么谨慎尽责的人能安享悠长的人生》（*Longevity Project*）一书的写作，心理学家霍华德·弗里德曼和莱斯利·马丁对 1 500 个男女进行了长达 80 年的跟踪研究（从 1921 年开始），并得出了以下这些重要发现：

* 健康的身体、良好的教育、良好的人际关系和一份自己喜欢的工作是幸福人生的主要原因，它们经常会和某种模式一起出现；

* 尽责的人最长寿；
* 敢于迎接挑战的人，要比那些太早退休的人长寿；
* 与能带领你走向健康生活习惯和方式的人相处，是改变人生最好的方法。

有时我们需要“与世隔绝”，将精力放在手头的任务，但这并不意味着我们一直需要这么做。实际上，根据长寿项目研究的结果，长时间的与世隔绝会降低我们的幸福感，进而损害我们的领导思维。不管是在互联网上还是现实生活中，都需要花时间来培养你的人际关系，这样做不仅可以带给我们更健康的生活习惯和方式，而且还能让这些与我们有关系的人，最终成为我们的追随者。

在企业或机构中培养人际关系也是实现目标的关键。世楷贸易有限公司（Steelcase）的总裁吉姆·基恩（Jim Keane）曾说过：“尽管团队中会有很多复杂的情况出现，但在互联网时代，团队是解决问题的唯一方法。”

互联网行为建议

创建互联网团队

如何在互联网上发展人际关系呢？如何为个人品牌或产品创建庞大的追随者呢？

表现你的关心。社交媒体用户既不会追随最具才华的人，也不会追随最大的品牌。他们会追随那些关心他们的人和品牌。如果一个人有 1 000 万追随者，那他不可能认识所有这些联系人，但他仍然让追随者觉得，他们的存在有助于他成名；让企业的追随者觉得，他们的存在有助于企业长期保持成功。有可能的话，就当面感受一下。越了解一个人的需求，你们之间的互联网关系就越稳固。你可以通过集中简单的方法来表达你的关心，例如，你在 LinkedIn 上看到对方要去上大学，就可以在网上聊天时给他提供一份这所大学的资料（越详细越好）。

提供价值。给你的追随者提供价值。不是为你正在完成的事情，而是为他们正在完成的、对他们来说非常重要的事情提供帮助。只有付出才有回报。

诚实勤奋。不要试图表现得很完美，要做真实的自己。有很多名人在互联网时代初期成名的原因都是归结于他们把“幕后的生活”公之于众，告诉人们他们也会有疑惑、担心和关心的问题。此外，有了这种不完美的形象后，你就不必纠结于某个字的正确写法。你有没有注意到，具有亲和力的部门并不喜欢“完美的人”。

与对的人为伍

无论个人还是企业，都需要结交对的人。不要害怕疏远那些不能给你带来积极影响的朋友或顾客。这可能很难做到，但却是你必须要做的。

我并不是建议你放弃所有人。你要做的是那个能给别人带来积极影响的人，这是一件非常有益的事情。但要给自己和别人带来积极影响，就需要有选择性地与他人建立关系。最好的例子就是一名青年努力摆脱了自己所面临的困境（比如说经济困难、家庭破碎、父母吸毒），成为了美国职业篮球联赛（NBA）一员的例子。但在这个例子中，最关键的是他周围要有能把他的最大利益放在心上的朋友和家人。而很多年轻人通常却无法摆脱那些利用他们来中饱私囊的人。

我们经常能看到 NBA 新秀和一群“引水鱼”（跟着鲨鱼“狐假虎威”的一种鱼）混在一起，他们最后的结局多半是破产。一名 NBA 新秀在其生活变好之后，并没有做出适当改变，结交对的朋友，从而导致他无法获得持续的成功。

本书的大多数读者会说：“这和我有关系吗？我高尔夫球都没办法突破 100 杆，更别说是成为一名专业的运动员。”尽管这个例子是关于运动员的，但无论你是冰激凌车司机还是奶牛场场主，与对的人为伍这个观念同样适用你，尤其是在我们获得成功的时候更是如此。

我们在前面提到过，“魔术师”约翰逊是在篮球生涯结束后才取得巨大成功的专业运动员。约翰逊说：“贾巴尔（阿布杜尔 - 贾巴尔）的破产及其经理人拿走他所有的钱这件事，改变了我的人生。”

约翰逊知道，自己要实现目标，就必须远离那些只会为自己最大利益考虑的人。这个任务对他来说很难，对你和企业来说也是如此（甩掉不良客户）。对很多企业来说，甩掉不良客户是一个全新的概念，但有些客户的确不值得挽留——他们只是在浪费公司的钱。一些提供免费 WiFi 的书店和咖啡馆常常会赶走一些顾客——他们什么都不买，却占用了潜在顾客的空间。对你的企业来说，不良客户可能是不断挑剔客户服务的人，或者那些讲你公司产品坏话的人。合作关系是相互的：一家好的企业值得拥有好的客户，同样，好的客户也值得好的企业为之提供产品与服务。

在这个过程中，约翰逊背弃了他真正的朋友和家乡密歇根州拉辛吗？完全没有。约翰逊是母校密歇根州立大学篮球队的固定成员，他巨大的青铜色雕像至今驻立在校园里。他对拉辛社区投入了大量的时间和金钱。但从个人角度来讲，他已经意识到他需要和老朋友们挥手告别，继续前进。

约翰逊主要通过投资黑人社区而获得了百万财富。除了商机外，他还认为这是他回馈社会最好的方式。作为引领者，约翰逊在努力创造社会公益的同时，还获得了商业上的成功。“魔术师约翰逊娱乐”的投资历史包括星巴克、连锁影院、星期五餐厅、24 小时健身俱乐部、索迪斯、安泰保险和百思买。他的生意遍布 21 个州的 89 座城市。2010 年“魔术师”卖掉了 105 家星巴克加盟店的股份，人们预估这项交易的金额是 7 500 万 ~1 亿美元，而他当时投资的金额只有 40.5 万美元——相当不错的利润。福布斯曾经估算，“约翰逊娱乐”的净资产约为 7 亿美元。

互联网行为建议

特工L

一个神秘的女人正在匹兹堡进行一场“随意的善举”的活动。这些活动包括在挡风玻璃上夹一张价值 5 美元的星巴克礼品卡，支付某人的停车费，或者在某个上班族的办公桌上放一束鲜花。所有的这些礼物旁边都放着一张便条，上面写着“特工 L”。

“特工 L”的真实身份在美国精神疾病联盟的募捐活动上被揭晓。来自匹兹堡的博主劳拉·米勒说她的这个想法源于一名粉丝的建议：“我不要生日礼物，你可以去做一次随意的善举，叫自己特工 L。”

米勒的 Twitter 账号是 @SecretAgentL，她通过该账号已经让将近 2 000 名志愿者做了随机的善举，她说：“社交媒体已经改变了世界。”

如何创建互联网人际关系

在互联网化时代，“重要的不是你懂什么，而是你认识谁”这句老话已经被提升到了一个全新的高度。互联网上的联络人可以为我们打开人生的大门。虽然它有时无法取代面对面的交流，但它却是一个很好的补充。它还能让我们接近那些过去无法接近的人（如 CEO、名人和政客）。

要在网上结交新朋友或巩固现在的关系，我们就需要多关注对社会有益的事物，少关注对我们自己有益的东西。什么是社会公益？要做到这一点，我们需要让潜在的追随者知道：

a) 我们很关心他们；

b) 我们能给他们提供有价值的东西和信息；

c) 我们诚实而勤奋。

遵循这些规则，就永远都不会失去我们的人际关系——当今社会的网络化

> 一支蜡烛可以点燃上千支蜡烛，而这支蜡烛的生命并不会因此而缩短。幸福感也不会因为分享而有所减弱。
>
> 佛陀

货币。另外，这些人际关系还有益于我们的网络痕迹。在这个完全透明的世界中，好人会先获得成功。最重要的是，我们发展的积极关系越多，我们也就越感到幸福。

第15章

给他人授权

随着我逐渐变老，我就越来越想保持一项纪录：我卸任之后，人们的生活是否比我就职前得到了改善？

比尔·克林顿

就像在第 14 章所讨论的，人际关系对成功至关重要。但作为引领者，你不能像摩西一样，直接在山顶上发布命令，指望所有人都能遵守这个命令。好主意可能来自任何地方、任何人。人际关系的一部分价值在于它们提供给我们的智慧。每一种关系都会告诉我们所不知道的东西，我们要确保这种关系不仅能分享信息，还要能主动帮助我们实现共同的目标。添柏岚（Timberland）的 CEO 杰夫·斯沃茨（Jeff Swartz）说："你不希望被这样的人领导——不管出现什么情况，都只坚持自己的观点。我随时等着听取别人的规谏。"

比尔·乔治是美敦力公司的前任 CEO、哈佛大学教授和《真北》一书的作者。他在研究和职业生涯中所发现的结果尤其适合这个高度互联的世界，那就是授权才是关键：

很多人相信，引领的真正含义在于为自己培养大批的追随者，让他们按照你所指明的方向前进，从而助你一路上升到权力的巅峰。要成为一名真正的真诚引领者，我们必须摒弃这种错误的观念。只有真正做到这一点，我们才能意识到，真诚引领的真正含义在于学会授权。这就是我所说的从“我”到“我们”的转变。对于任何人来说，这都是他们在成为真诚引领者的过程中最为重要的一个步骤。

互联网时代引领者的主要职责是培养员工的意识和参与感。你需要在不造成混乱的情况下，提供足够多的信息。你需要让员工了解当前的形势，并帮助他们理解它。他们了解得越多，就越有参与感，就能扬长避短来完成任务。

在企业向互联网企业转型的过程中，共享信息的引领者才能获得更多的影响力。影响力的重要性已经超过了信息，如今信息是唾手可得。然而共享信息并不意味着用内容轰炸员工。虽然很难达到平衡，但关键是要避免提供会引起混乱的信息。一种方法是删除一段信息中的某一句话，看看这段内容是否还有意义；如果还有，那这句话就不重要。另一种方法是只分享一部分信息。

假如你的非营利组织正在为某项慈善活动发起 10 公里赛跑的活动。你给其中的两名志愿者发短信，告诉他们你被堵在了路上，让他们确认一下供应的帐篷是否到位，计算机登记程序是否正常运行——这时你就在赋予志愿者权利。这两名志愿者会迅速确认你交代的事情。一名志愿者精于供应商关系，去确认帐篷是否到位；而另一名志愿者去确认登记运动员信息的计算机是否正常运行。授权和人际会带来合作关系和成果。

建立优势互补的合作关系

合作关系有许多不同的形式，但建立成功的合作关系的关键在于双方的优势互补。例如，如果谈话节目的两个主持人风格相似，那这个节目很快就会被毙掉。在爱情（不同性格相互吸引）和商业上也是如此。这样组合的目的是赋予双方权力，让双方都能发挥出自己独特的优势。

“魔术师”约翰逊知道，要在球场上取胜，他需要结交优秀的篮球运动员；要在生意场上取胜，他就需要结交拥有不同视角的优秀企业家。在一次 NBA 球赛中，“魔术师”问坐在场边的两名成功企业家：“我应该怎么做生意？”

他在场边的提问为他与创新演艺经纪公司的掌门人迈克尔·奥维茨（Michael Ovitz）提供了见面的机会。虽然“魔术师”本身就是一个活着的传奇，但他很谦逊，他知道要想获得成功，就必须听取这些人的意见并向他们学习。“魔术师”回想起他与奥维茨的第一次会面：

“我从迈克尔·奥维茨那里学到了很多东西：第一，要想获得成功，就必须利用你拥有的所有人际关系；第二，如果你想让某人成为你的导师，一定要准备好聆听，还要谦逊。”约翰逊解释道：“我想要向他证明我很认真，也很愿意聆听……迈克尔·奥维茨把我当成要证明自己会成功的人那样对待。在我的职业生涯中，很少有人这么对我。我想我处理得当，它给我带来了很大的不同。

奥维茨说得很有道理，我们要利用拥有的所有人际关系。只有得到别人的帮助时，我们的人际关系才能变成货币。如果我们处理得当，那我们的“人际关系”会很愿意帮助我们，因为我们之前帮助过他们。在你急需帮助时，一时是很难建立起人际关系的，你必须在需要这些关系前就建好它们。我们还必须谦逊，不谦逊的人很难与别人合作。“魔术师”认为合作关系给了他很大的帮助，并解释道：“不要害怕合作伙伴。我相信合作关系——我一生都在和别人合作。我们可以相互学习对方的专长。然后我就可以把它回馈给居住在美国城市的居民。”企业也需要这么做，像对待合作伙伴那样对待顾客。

今天的合作关系已经和过去有所不同——在过去的合作关系中，一方有更多的控制权。如今，双方常常在没有合同的约束下进行合作。例如，苹果公司 iPhone 之所以成功，很大一部分原因是因为开发人员（非苹果公司员工）针对 iPhone 开发的应用程序。在这种流动的合作关系中，如果苹果公司决定提高自己的利润，那么开发人员就很可能决定开发其他平台的应用程序，如谷歌的安卓系统。反过来说，如果开发人员利用 iOS 开发一些不适当的内容，那么苹果公司就会禁止这些开发人员这么做。实际上，苹果公司和开发人员之间有着默认的“工作合同”。双方都依赖于共同的成功。同样，如果谷歌的社交媒体网络失败，那很大程度上是因为没有适当培养与开发人员和供应商的合作关系，从而无法帮助谷歌搭建该系统。

甩掉不良客户

我建议你甩掉那些会给企业带来不良影响的客户。“网络化消耗”是指企业需要花无数时间来处理某些客户在博客或 Twitter 上所发布的负面评论。这些客户可能既会对考虑使用你产品或服务的其他人产生不良影响，还会浪费你的时间。企业有时需要“甩掉”这些吹毛求疵的客户，才能为最佳客户提供更好的服务。也许我们很难做出这样的决定，但有时某个顾客或客户就是和你的企业不对付。在 Facebook、Twitter 以及其他在线社交网络和移动应用程序的帮助下，你必须筛选出这些不好好合作的顾客，否则就会被他们所拖累。

> 言传不如身教。
>
> 杜波依斯

企业可以通过一些网络监听工具的帮助，来更好地确定“明星”客户和不良客户。通过这些工具，企业可以轻易地判断这些顾客是否也是其他公司的麻烦，还可以调查他们的网络足迹和痕迹，看看他们是否值得公司投资。

对提出问题的客户和“不良”客户的处理有很大不同。我们需要找到这些“不良”客户，并甩掉他们；而对那些值得企业投资的客户应该更好地进行网络化沟通，给予他们一个大大的“网络化拥抱”。“甩掉他们”意味着我们不再和这些客户有生意上的往来；而“网络化拥抱”意味着我们尽可能积极地回复这些客户，征求他们的意见，让他们感觉到自己是整个过程的一部分。在互联网世界中，如果我们看到了这样的客户，就表示我们之间的关系足够牢固，我们会给他们一个大大的拥抱。然而在现实中，企业、非营利组织、机构和小企业往往会关注那些不良客户，而不是给他们最大的支持者网络化拥抱。

百思买的CEO布拉德·安德森发现，百思买有1亿顾客（约占20%）都在浪费公司的钱。如果他们能够将精力放在其余的80%的顾客身上，就能提供更好的门店服务，还能增加他们的盈利。

互联网领导思维中的禅学

本书讨论的很多概念、思想和互联网工具都不应该过分地强调技术。也就是说，即使你是技术新手，也可以成为优秀的互联网引领者。反过来说，如果你是网络专家，也要记住，现实生活中的行为依然离不开几个世纪以来人们所总结出的领导智慧的指导。即便互联网方法尝试失败了，只要遵守下面的黄金法则，你也永远不会出错：

佛教：害人终害己；

基督教：你们想要别人怎么对待你们，你们就要怎么待别人。这就是律法和先知的道理；

印度教：不欲受之，切勿施之；

伊斯兰教：唯有以己之心体谅同仁之心，方可入道；

犹太教：己所恶，勿施人。这就是整个律法，其余的都是注解。

如果你被互联网的变革压得喘不过气来，与朋友、家人、同事、员工和志愿者进行互联网交流最好的方法就是遵守以上的这些黄金法则。这是通过互联网手段赋予别人权利的核心。“己所不欲，勿施于人”对我们来说很容易，我们都是其他人的追随者，因此当我们领导别人时，要记住我们追随别人时喜欢和不喜欢的事情。

社交游戏公司 Zynga 公司每三天就会给员工提供一次针灸放松。公司的联合创始人艾瑞克·施勒梅尔（Eric Schlermeyer）认为这样有助于预防疾病，还能让员工的情绪更稳定。“如果把员工当成奥林匹克运动员对待，他们就能创造出非凡的价值。”简单地说，就是要支持员工的工作，这样他们才会拥护你；给员工更多的关注和好处，这样他们就会给予你积极的响应；赋予员工和客户权力，将来他们也会赋予你权力。

数字应用公司 Milk 创始人、Digg 前任 CEO 凯文·罗斯（Kevin Rose）每个月都会给每个员工 50 美元，让他们在需要时购买鲜花，这样员工每天都能闻到玫瑰花香。罗斯解释说：“要意识到这不只是编写代码的世界，这是一个真实的世界。”

如何看待网络的负面帖子

在你出生后不久，爱你的父母或亲人可能就会把你的小脚丫印在塑料纸上。这样你的小脚丫可以保存十几年。这种行为与我们接下来的讨论有关，因为这是我们最纯洁的脚——光滑，没有任何瑕疵，这也是我们这辈子最小的脚。

说到纯洁，我们不指望我们的脚一辈子都干干净净的。脚上总会有污点。但我们的脚会不断长大，因此脚上的污点就会越来越小。我们的网络化足迹也是如此。

我们无法取悦所有人，所以网上总会有一些针对我们的负面帖子。很多人和企业都采取了错误的反应策略——把所有的注意力都放在如何消除这些负面评价上。更好的方法则是主动发布我们正在发生的好事,或者让别人发布——我们的网络痕迹。追随自己的激情、多为别人付出，这样自然就会有正面的网络帖子跟进。

如果有几百个关于你的帖子，那么负面的评论就只是其中的一小部分。想想你最近正在阅读的好书。如果一本只有 5 页的书中，就有 2 页内容是你不喜欢的，那这本书就不会给你留下好印象；但如果一本 100 页的书中，只有 2 页是你不喜欢的，那这 2 页就只是其中的一小部分。我们的人生故事和企业品牌也是如此，我们创造的页数越多，负面的东西所占的比重就越少。

并非所有负面评价都有害。使用 Skype 做专访前，有人告诉你你的牙齿上有东西；或者读者指出你博客上的一个事实性错误——这都是有益的反馈。如果阿姆斯特丹的一家徒步旅游公司收到了一份负面评价：“他们都不让我们休息一下，我们走了太多路”，喜欢走路的游客肯定会将它看成是正面的肯定。

关注正面反馈

无论企业还是个人，都不应该将所有的时间都花在处理负面评论上。全球领先的在线点评整理引擎 Bazaarvoice 的数据表明，美国 80% 的顾客会给他们购买的产品四星或五星评价（最高为五星）。对英国顾客来说，这个数据是 88%。因此，我们为什么要把时间都花在只占 12%~20% 的负面反馈上呢？我们要将注意力放在正面的反馈和评价上，继续发挥我们的优势。

> 领导的职责不是让别人追随你，而是给他们权利，让他们领导。
>
> 比尔·乔治

我并不是说我们可以忽略负面评论，而只是先不要急着处理负面评论。

99% 的人都会急于处理。我们需要解决负面评论，因为它给我们提供了改进的好机会，并让我们能够与消费者建立起关系，并授权给他们。

联邦快递公司发现，一旦公司解决了客户提出的问题，这些客户再次光顾的概率是那些从未遇到任何问题的顾客的 4 倍。如今，给予我最大支持的是在我的著作《颠覆：社会化媒体改变世界》出版时，那些给我最苛刻评价的人。这些人想表达他们的关心，通过与他们联系并讨论这本书中的问题，我们之间建立了良好的关系。这种关系建立的基础是我们共同从书中所得到的收获。通过让读者参与进来，我赋予了他们权力。让你的客户参与进来，你也可以赋予他们权力。

通过互联网手段联系客户，会获得意想不到的结果。在少数不能奏效的情况下，要迅速前进，还有很多忠实的追随者需要搞定。当然也不要忽略正面的评论。

互联网行为建议

快速结束会议

什么都无法取代与他人面对面的交流以及当面给予客户和员工权力。然而没有效率的会议（不管是个人还是企业）只会浪费大家的时间，还会降低大家的士气。因此，下次被要求参加会议时，不妨试试下面的做法：

快速发一份目标明确的会议议程；

把椅子搬走，像球队那样聚集在一起，大家一直站着会觉得累，自然就会缩短会议时间；

圆桌会议有助于平等交流，因为席位没有上下尊卑之分；

在每次会议结束时都要总结本次会议的成果——以口头或电子邮件的形式。总结有助于减少未来的开会次数；

星巴克的前任 CEO 吉姆·唐纳德就有这样的好习惯：45 分钟就散会，告诉员工可以用余下的 15 分钟来给她们平常不怎么联系的人打电话。

前项目经理、《纽约时报》畅销书作者克里斯·布洛根（Chris Brogan）建议，在每周例会前就做好一切准备："我们的开会时间从来不会超过10分钟，即使是扩建庞大的数据中心时也是如此。尽快做出决策。我们从来不会留下任何悬而未决的事情，因此即使我们做出了错误的决策，稍后就能改正它。"

STAMP在智利矿工自救事件中的体现

2010年秋天，33名智利矿工被困在距离地面610米的深井下，直到第70天才获救。路易斯·乌尔苏亚（Luis Urzua）是这批矿工的值班班长。乌尔苏亚在接班时并不知道，但他却是所有矿工在69天后成功获救的主要原因。乌尔苏亚正是凭借着本书所讨论的STAMP五大法则，最终战胜了灾难。如果没有与矿工之间的良好关系，他们之间的相互支持和对其他人的授权，他也不可能成功。

简约

尽管被困在700米的地下，乌尔苏亚还是强调尝试正常生活的重要性。他让矿工们模拟正常的"交接班"。他们白天把灯打开，晚上就会熄灭它们。乌尔苏亚知道，在日常生活中一天很快就会过去（从日出到日落），而不用尝试与过去和未来作斗争：与过去（未来）作斗争是徒劳无功的。

多数人都没有经历过这样的困境——被困在矿井下，不停地担心着过去和未来。我们担心的是未读邮件，客户可能会发布对公司产生负面影响的帖子，我们的孩子会沉迷于电子游戏等等。正如担心过去（未来）对矿工没有任何帮助一样，它对我们成为真正的互联网引领者也没有任何帮助。

忠诚

乌尔苏亚一直忠于自己和其他矿工。如果其他 32 名矿工认为乌尔苏亚没有为他们考虑，那他会很难发挥领导作用。这种信任是在这次事故前就建立起来的。在事故发生前与乌尔苏亚共事过的一名矿工这样描述他："非常爱护他手下的员工，每次都是他们安全到达地面后才会离开。"

这种关系是需要我们注意的。我们在书中讨论过，在需要人际关系网络前就创建好它的重要性——信任也是这样。在需要前就建立与客户、员工和合作伙伴之间的信任关系，这样要比在需要时才建立更有效。具体地说，它体现在乌尔苏亚每次都是在其他矿工安全后，自己才登上救生舱。

行动

乌尔苏亚在事故开始时，就决定要统一分配食物（详细信息参见下面的"计划"），并让所有人都聚集在一起吃。如果每个人都看到其他人只有一小勺金枪鱼肉和 1/4 杯牛奶，他们就不会发生争吵。让客户和员工觉得你对他们同样关心，就能建立更好、更持久的关系。

计划

尽管乌尔苏亚把这些事情都简化为每天的任务，但作为引领者，重要的是要知道他们想达成什么目标。多数矿工都认为他们很快就会获救，因此很容易把所有的口粮一下子都吃光。

但乌尔苏亚做好了最坏结果的准备，同时也期待着好运的降临。事实证明，这种做法挽救了 33 条生命。矿工们在整整 17 天后才被发现，在整整 69 天后才被获救。乌尔苏亚表示，他们很幸运地定量分配食物——金枪鱼罐头、鲭鱼罐头、桃和保质期为 2 天的牛奶。在乌尔苏亚的领导下，他们用这些食物坚持了整整 17 天。

幸运总是眷顾那些有所准备的人。乌尔苏亚说："我们看到了倒塌的岩石，很多人认为我们很快就会被发现。但我知道并非如此。"当外界通过一个小洞口找到他们的位置时，所有矿工都非常高兴："每个人都想拥抱这把锤子。"

矿工们的一部分计划是在有人绝望时，提醒他们为什么想要活下去。一名矿工的妻子刚刚生了孩子，他希望能看看他的小宝宝；另一名矿工想跟他的女朋友求婚。通过将注意力放在这些愿景上，他们坚持了下来。知道了自己的人生使命后，其他一切就变得简单起来。

因此，每当公司推出新理念或在家里开始使用一项新技术时，要做好最坏结果的准备，同时期待着好运的降临。尽可能做好面对困境的思想准备，但不要让恐惧阻碍你积极的愿景和希望。

人才

被困在井下时，如果有一两名矿工不执行他们的任务，很容易就会造成哗变。乌尔苏亚给每个人都分配了具体的任务——每个人都要发挥作用。因为每个人都能看到乌尔苏亚制订的计划，所以团队合作就很容易展开。当他们获救时，他们都要求留在现场（而不是直接去医院），直到所有矿工都安全到达地面。

虽然"不幸让我们变得更加强大"是老生常谈，但它却是千真万确的。乌尔苏亚是最后被获救的，他作为值班班长来到了矿井，却作为民族英雄离开了矿井。智利总统塞巴斯蒂安·皮涅拉向他致敬："你的任务完成了，最后走出来的你是一名好队长。你不知道，有多少智利人和你一起分享痛苦、希望和喜悦。你是与众不同的，我们国家也会因此变得不同。

> 除非你成为你应该的样子，我才能成为我应该的样子。
>
> 马丁·路德·金

你就是大家的希望。”

如果乌尔苏亚没有和队友们建立起良好的关系，如果他没能领导和赋予队员们权力，那么故事的结局可能会有很大不同。值得庆幸的是，经过相互合作和精心谋划，33 名矿工都得救了。

互联网行为建议

建立互联网人际关系

下面的这三种方法可以帮助你在网上建立持久的人际关系，并赋予个人、客户、员工和其他商业合作伙伴权力。

Facebook 通讯录。使用 Facebook 通讯录来查找手机号。Facebook 的联系人可能会把他们的手机号放在个人资料中。点击“好友→编辑好友→通讯录”(Friends → Edit Friends → Phonebook)，将列出所有公开手机号的好友。跟某人还不是好友，怎么办？如果你社交图谱中的某个人可能正好跟这个人认识，那就开始创建你的人际关系网吧——这就是它们被称为社交网络的原因。在 LinkedIn 上也可以使用类似的搜索和人际关系网来查找手机号和电子邮箱。关键是要记住，在需要这些人际关系网之前就要把它们建好，也就是说，你不能向第一次见面的人寻求帮助。实际上，你应该给他们提供帮助。

Facebook 群组。在群组中，你可以很轻松地与一部分好友分享、交流。如果你的 Facebook 中有几百个好友，而你想找到一种更简单的方法与一些较亲密的好友交流时，就可以试着创建群组。点击个人首页菜单左侧的“创建群组”(Create Group)。选择群组名，立即添加好友。还可以为该群组选择隐私级别：公开、封闭(closed)和私密。如果创建了封闭和私密群组，只有群组成员才能看到其中的内容。现在就为你的家人、书友会、球队或学习小组创建一个群组吧。

状态标签。想在 Facebook 上提到某人时，只需要在 @ 符号后面输入他们的名字，从下拉菜单中选择他们就可。当用户发布一条带有“好友标签”(@)的状态更新时，这名好友就会收到通知，这与照片标签的工作原理相似。这是让朋友知道他们加入对话的快速、简单的方法。

给予他人授权的力量

作为引领者，需要赋予员工和家人权力，确保他们知道自己的职责所在。给他人授权是你给世界和留给后人最好的礼物。

我们生活在这个完全透明的互联网世界中，我们能看到其他人正在做什么，重要的是我们要知道如何与别人合作。当内部（或外部）原因导致某种角色的转变时，要立刻把这些变化告诉所有人。我们要知道如何帮助其他人，如果能通过互联网手段去帮助他们，就一定要给予他们帮助。当我们被技术进步压得喘不过气时，就按照代代相传的“黄金法则”行事——己所不欲，勿施于人。

我靠演讲谋生，却需要花一生的时间来倾听。

@奎尔曼

第16章

网络化拥抱

有人想知道引领者和老板的差别……引领者开诚布公，老板却秘密作业。引领者以身作则，老板却在后驱使。

西奥多·罗斯福

看到本章的标题，你可能会问："什么是网络化拥抱？"其基本思想就是如何才能帮助别人，即在这个过程中使用互联网手段，不计利益得失地帮助别人。你也许听说过"将爱传递出去"，以互联网思维思考就是"将爱发布出去"。

如果你只能从本章学到一点，那就是：如果你对别人更感兴趣的话，在两天内会吸引到更多追随者；这要比你在两个月内，总是试图让别人对你感兴趣时吸引到的追随者要多得多。在我们的互联网平台（比如说短信、Twitter 消息、电子邮件等）上随时能看到这个理念。企业和个人总是发送自己感兴趣的内容，而不是发送接收者感兴趣的内容。政治家不会对一群老年人宣传助学贷款，也不会给学生宣传健康护理。

我们尝试扩大自己的互联网追随者时，有时会忘了这些日常的简单概念。因此在发信息之前，想想它是否与接收者有关——可能没有关系。如果你对自己都没有信心，那我就只能说抱歉了。

当虚拟遇上现实

如今很多的人际关系都起源于互联网，我们在网上创建和培养自己的人际关系。当我们“亲自”和他们见面时，需要给对方留下良好的第一印象。日常生活中的沟通和网络上的沟通大相径庭，93% 的沟通都不是通过语言进行的。因此在网上，我们只完成了 7% 的沟通。

人们见到我时，通常会惊讶于我的身高。即使我们已经在网上交流了好几年，他们也观看过我在 Youtube 上的视频，而且他们也知道我的身高是 198cm。但有时，面对面的交流仍然无可取代。有的人在网上表现得很自信，但现实生活中却畏缩得丝毫没有存在感。重要的是在现实会面中，要表现得符合对方的期望 。

保持信心

人们都想结交有自信的人。有自信的人果断，不会自我推销，会把一切看成机会，还会慷慨地赞美别人。这些都是我们所渴望拥有的品质，我们希望通过结交这些有自信的人，慢慢培养自己的这些品质。

在现实生活中，形体姿态在散发自信方面起着重要的作用。保持良好的形体姿态（尤其是一整天坐在电脑前）的一种好方法是，隔一段时间就把头和后背贴在墙上。贴着墙的同时，尽量夹紧肩膀，就好像你在用它们挤胡萝卜。尽量把后脑勺贴在墙上（这样可以让你的脖子直起来），用这种姿势做几次呼吸，然后离开墙——第一次做这个练习时，就能发现姿态的变化。每天反复练习，直到它变成你的习惯为止。坐着打字、手机的使用和其他不良的姿势都会对人的姿态产生不良影响。简单的“贴墙”运动可以修正这些不良的姿势。

要在 Skype 或其他视频会议中表现得自信，就让摄像头和显示器与额头成一条直线，或者稍低于额头。很多人都错误地把显示器或平板电脑放在我们下面，这时我们就需要不断低下头。这种姿势一旦形成习惯，就会影响我们的姿态。低着头看显示器，会让对方觉得我们没有活力，让我们表现得不够自信。

就像前面所提到的，要多看镜头，而不要一直盯着屏幕上的人。如果你无法做到这一点，就在摄像头旁边贴一张黄色标签——“看我！”。如果一直盯着显示器，就好像在和别人谈话时，一直盯着对方的皮带扣一样。

自信的姿态只是“线下”沟通工具的一部分。其他重要的形体姿态还包括以下几方面。

1. 要有目光交流。

2. 和对方握手时，要紧紧地握住，但力量不要太大。如果你不知道用多大劲，和对方用一样的力即可。

3. 如果你性格外向、喜欢和别人拥抱，就看一下当时的状况。时机得当的时候拥抱对方。我发现这违背“工作场合行为”视频中所讲的内容。但到硅谷最热门的公司看看，你觉得他们会在乎拥抱可能不太礼貌这件事吗？你认为他们获得巨大的财富，是因为他们通过了敏感性训练吗？时代已经改变。对于已经找到真正价值的人来说，工作和生活已经变得密不可分。不和同事拥抱相当于不和挚友或家人拥抱。当然如果某个同事、朋友或家人不喜欢拥抱的话，就不要和他拥抱。如果不确定的话，就问他们想要“拥抱一下”吗？虽然听起来不太专业，但如果人们发现你由衷地关心他们时，他们就会争相追随你的。

4. 当面沟通时，要关掉自己的电子设备。有来电时，看都不要看。澳大利亚电讯公司的调查表明，51%的被访者承认在会面时会偷偷查看他们的智能手机。如果在会面前等待一个电话，就提前告诉对方，一会儿你可能需要接一个电话。比如说，“很抱歉，我太太怀孕了，她一会儿可能会给我打电话，我必须接一下。”

5. 要记住，手机是为你提供方便的，而不是为打电话的人提供方便。如果在会面中电话响了，也不要看来电显示——你会很惊讶地发现，这会给对方带来多棒的感觉。

6. 给重要来电设置不同的铃声（比如说母亲、丈夫）。把其他所有的来电都设置为震动。这样可以让你全神贯注地和对方交谈。

7. 在长时间的驾驶中打电话（使用免提设备），或者把它看成是一次放松——就像是“抽烟”放松一样，只是把“烟”换成“手机”。

8. 留下语音邮件时，要简洁。即使对方认识你，也要留下你的姓名和电话号码。先说最重要的信息（销售人员经常犯的错误）。越来越多的人会把语音邮件转化为短信，因此要以标题开始。要记住你不喜欢收到很长的语音邮件，对方也是如此。

在现实生活中，拥有完美的人际沟通技巧能让你成为出色的引领者。由于我们越来越依赖技术，使得这种人际沟通技巧正在逐渐消失。尼尔森最近的一项研究发现，40% 的人使用智能手机来避免社会交际（11% 的人承认他们上厕所时也会使用智能手机）。把当面交流当成一份礼物，给予他们充分的重视。

每个人身上都蕴藏着巨大的领导天赋……我们活在这个世界上一定是有目的的。生命的全部意义不仅在于给予，也在于让自己活得更有价值。

安 · 傅洁
杨 · 罗必凯广告公司（Y & R）CEO

互联网行为建议

你的网络化语气

因为 93% 的交流都不是通过语言进行的，所以很容易在网络化信息（如短信、Twitter 留言、博客、电子邮件）中传达出错误的语气，更严重的是传达出错误的含义。下面的技巧可以帮助你避免这种误解。

称呼对方的名字。

在必要时使用表情符号，比如说或：)。

不要使用“亲爱的”、“先生”和“女士”这些词。世界上50%的人都不到30岁，他们不一定习惯正式或商务用语（要注意的是：亚洲和一些地方希望使用这些正式用语。要了解这些不同的文化，如果不确定的话，就表现得特别礼貌和正式）。

使用“hi”、“hello”这类问候语。在必要时也可以使用感叹号。

大多数情况下要避免抱怨和讥讽，因为它们在互联网环境中，并不能很好地表达你的意思。

在结尾写上你的名字。这种个性化可以改变帖子的语气，而这样做只需要花几秒钟的时间。养成使用友好签名的习惯，比如说献上我最诚挚的问候。如果到了假期或周末，一定要写上：周末愉快或节日快乐！

在发送任何网络化消息或在网上发布文章之前，一定要好好检查一下。打错一个词就可能完全把这条消息的含义搞反（比如说，把“能”写成“不能”），进而引起不必要的混乱。

如果你不知道答案，就快速回复对方：告诉他你正在思考这个问题，但可能需要一点时间才能答复。这种回复可以避免发件人认为他们遭到了忽视。

有些事最好在线下处理（比如说你很生老板的气）。

当众赞扬，私下批评。

在网络化交流中避免使用“我”。

犯错了就坦白承认。要记住，错误通常都不是问题，问题是掩盖自己的错误。

谨慎使用可能会让你的努力付之东流的文字。比如说要用“真好笑”来代替“笑死我了”。语言是不断发展变化的。想想与20世纪90年代的教科书相比，如今莎士比亚的散文有多不同。如果你没见过这种教科书，只需要知道他们很重很贵就行了。尽量让你的语言显得轻松幽默。

人们心中的女王：比利·简·金

比利·简·金（Billy Jean King）可以说是有史以来最伟大的网球选手（39个大满贯冠军头衔）。她不仅是世界上最伟大的运动员，还像穆罕默德·阿里一样，影响着社会变革。她是第一个公开承认自己是同性恋的著名运动员。作为女权的坚决拥护者，金在“性别大战”中战胜了前温网男单冠军鲍比·里格斯（Bobby Riggs）。

比利·简·金 2010 年 1 月 9 日在 ESPN 的“Homecoming with Rick Reilly”节目中说道：“来自长滩的老乡给了我很多帮助，他们改变了我，让我反过去帮助别人。那些帮我渡过难关的长滩老乡们非常信任我，那种被人信任的感觉真的很棒！”

比利·简·金成功的一部分原因要归功于家乡人对她的信任。你是否会告诉你认识的人你信任他们吗？如果没有，从现在开始告诉他们。在网络世界中，人们很容易就可以送给别人表示支持的虚拟鲜花，最棒的是这一切都是免费的。金从专栏作家丹·萨维奇（Dan Savage）那里获得鼓励，她于 2010 年 9 月创建了 www.itgetsbetter.org 网站。这个网站是对那些因为同性恋、双性恋或变性人身份被骚扰或欺负而自杀的年轻人的回应。该网站的目的就是通过互联网手段给人们带来希望。

“一切变得更好”项目（It Gets Better Project）很快就成为了一项全球化的运动，用户制作的 25 000 多个网络视频被观看了 4 000 多万次。迄今为止，这个项目已经收到了美国总统奥巴马、前国务卿希拉里·克林顿、南希·佩洛西议长等政要以及来自 GAP、谷歌、Facebook、皮克斯、百老汇社区等公司员工的支持。谷歌、Facebook 和皮克斯并没有回避这个颇有争议的问题——这就是互联网时代领导思维的表现。

人才福雷斯·甘

很多人不断地出现在阿甘的生活中，他们中的大多数人都从阿甘身上得到了很多（远远多于他们所付出的），但阿甘并不介意，因为他知道人生的真谛并不是你得到了什么，而是你留下了什么。下面是他在妻子珍妮的墓碑前对死亡的沉思：

你在星期六早晨死去。我把你葬在我们的树下。我把你父亲的房子推成了平地。妈妈总是说死亡是生命的一部分。我真的希望不是这样。

珍妮，我不知道是妈妈对，还是丹中尉对。我不知道是否我们每个人都有注定的命运，还是我们的生命中只有偶然。但我想，也许两者都有吧。也许两者都在同时发生着。我想你，珍妮。如果你想要什么，我就在你身边。

用真实的你吸引人

你在与别人交谈或在视频会议中，一定要保持微笑，并放松你的面部表情。这样可以改变你的声音，让对方感受到你的热情（而不是冷漠）。输入一条重要的信息时，不要局促不安。相反，要放松你的肩膀和手臂——这样可以让你的措辞显得轻松、友好、受欢迎。

> 在社交媒体上发布公司议程，就好比用水球投掷豪猪。
>
> @奎尔曼

做真实的自己。独特的网络化 DNA 是唯一让别人觉得你有趣的东西。想一下加里·维纳查克在《葡萄酒图书馆TV》第一集的样子：穿着正式，样子严肃。这种策略并没有奏效，因为他在试着做别人——一名传统的葡萄酒鉴赏家。但传统的并不引人注目，因此人们都没有关注这个视频。他们想要的是真正的加里（性情急躁、精力充沛、充满热情），加里这么做了之后，他的葡萄酒销量很快就超过了 5 000 万美元。

网络化拥抱：批评和赞扬

不要让自己过得太舒适，否则很难让自己取得进步。人生不进则退，不应该回避批评，而应该把它当成人生中重要的一部分。

最好的批评多来自最好的姐妹/兄弟——“你真的要穿那件衬衫出去吗？”、“你嘴里有味道。”你刚听到这些话时可能接受不了，但过后你可能会扔掉那件衬衫，或者吃一块绿薄荷口香糖。没有人是十全十美的。要避免恶意的批评，而欢迎有建设性的批评。不接受任何批评的人很难获得成功。

客户在网上给你提出建设性的批评意见时，记住这是他送给你的礼物。说明他们在花时间改善你、你的产品或服务，你应该感谢他们送给你的这份礼物，然后采取他们的建议。每天都要在网上称赞 3 个人；作为奖励，还要口头表扬 3 个人。亲自赞扬他们时，要看着他们的眼睛。你会发现，说话时看着对方的眼睛，要比听他们说话时难得多。要克服这一困难，可以采用在谈话过程中先盯着他们的一只眼睛，然后转向另一只的做法。

尽量做到一整天都不要在交谈中使用“我”。你可能需要多试几次，不妨查看一下你的聊天记录，看看什么时候最容易犯这种错误。如果你的信息中出现了表示单数人称的词，那它很可能被误解为是你的自我吹嘘，或者被误认为所有的工作都是你完成的，因此不管何时都要使用“我们”，这样有助于增强我们的网络人际关系。这个概念非常重要，因为与面对面的交流不同，网上没有可见的人际沟通信号。当我们在网络上作出指示时，最好用“我们”代替“我”。

想一下，你更愿意收到以下哪条信息：1.“你必须在周四前把报告交给我，这样我才能在周五的高层会议前检查它”；2.“我们需要在周四检查这份报告，这样我们才能在周五的会议上汇报我们的成果。”这两句话表达的是一个意思——报告要在周四前完成。但多数人更愿意听到第二种的表达方式，因为它的网络化语气让人更舒服。第二句话让我们觉得老板更尊重员工的付出（“我们需要检查”），员工能做有价值的发现（“成果”），而且他们和员工分享他们的权力和荣誉（“汇报我们的”）。因此即使员工没有参加周五的会议，她也知道，老板肯定会提到她的名字。定期检查你的网络化语气，表现得像你刚刚收到老板的邮件那样。

梦想晚餐

找到3个你非常欣赏的、素未谋面的、但你愿意与之共进晚餐的人。你可能已经和朋友们玩过这个游戏。现在是时候把它变为现实。写下你的名单，不需要保守，要大胆一试：卡洛斯·斯利姆、理查德·布兰森、碧昂斯·诺斯、奥普拉、谢家华、纳尔逊·曼德拉、沃伦·巴菲特、史蒂芬·金，或是任何能激励你的人。问问自己，为什么要选择这些人。他们能带给你什么（无双关语意），或者你想从他们那里学习或体会什么？

现在就发动你的人际关系、创造力和通信工具安排与他们的见面。把他们安排在一起见面，对我来说不是很好，因此我决定一一和他们见面。而且也不一定要共进晚餐——有时一起喝杯咖啡，或者30分钟的谈话更容易实现。

我需要你成就我，而你也需要我成就你。
纳尔逊·曼德拉

你是否觉得这项计划不可能实现？在当今互联网时代，一切皆有可能——不要低估自己。虽然不太容易，但你绝对可以做到。在安排与这些人见面时，一定要想想他能从中得到什么，而不是你能得到什么。寻找人际关系的连接点，检查他们的网络足迹和网络痕迹，找到他们鲜为人知的兴趣爱好。

也许你们同在一个慈善机构，也许他们的孩子是你的同行，你可以为他们提供帮助；你某篇博客的主题正好是他们感兴趣的内容，然后就请求与他们进行一次 10 分钟的会面。你们可能拥有共同的朋友——世界本来就很小，互联网通信工具把它们变得更小了。

这个练习最棒的地方是你没有任何损失。你没有见过这些人，而现在你也没有安排与任何人见面，所以不妨一试。当有人问你要去哪儿，你回答说："我要去见卡特·米德尔顿，我们约好一起喝茶"时，感觉会是多么棒！

把网络化拥抱转化为影响力

不管我们的身份是什么，从事什么职业，都会对其他人产生影响。在网上还是现实生活中，我们随时都可能影响别人。因此我们的任务是确保给别人带来积极的影响。

《时代周刊》知名的专栏作家南希·吉布斯（Nancy Gibbs）这样写道：

> 这些年我遇到过了很多好老师、教授和导师，但只有一年级的老师看到了一个内心破碎的小女孩，这位白发苍苍的老师告诉我，我的写作很棒，并鼓励我继续写下去。她把我带到了二年级，把我带入了一个全新的世界。她没有创造我，但她创造了一个作家。

> 友谊是世间最难说明白的。它不是你在学校学到的。但如果你连友谊是什么意思都不明白的话，那你的书就算是白念了。
>
> 穆罕默德·阿里

结交有魅力（能吸引别人的特殊能力）的人。通过和他们结交，你也可能会"染上"这种魅力。通过互联网手段，我们现在就能看到谁有朋友和追随者，他们的人际关系网有多大。具有“A等”人格魅力的人（如阿什顿·库彻、贾斯丁·比伯、马尔科姆·格拉德威尔和塞斯·高汀）已经有很多追随者了，他们不可能帮助或和你建立深厚的关系。你应该把精力放在与处于上升过程中的“B等”人格魅力者建立关系。

你可能会看到每个领域中都有获得追随者并建立自己人际关系网的人。和他们建立人际关系网，随他们一起成长。在成为畅销书作者和几家企业的创始人之前，“A等”人格魅力的盖伊·川崎只是苹果公司的宣传官，他总是不断地强调“每个人都可能成为你的顾客”这一观念。再强调一次，在需要人际关系网之前就建立好它们。

> 人生苦短，你关心的不应该只是纸张的颜色或窗帘的尺寸——真正重要的是人。
>
> 布莱恩·史怀哲
> 蒙大拿州州长

每天都要亲自在网络对某人进行感谢，找出赞美他们的理由。把帮助你的每个人都看成志愿者。即使他们是你的员工，或是你的儿子/女儿，也有权选择是否要帮助你。请记住，优秀的员工随时都可以为别人工作。如果你觉得员工总是无法完成工作，而且也找不到别的工作，那么这个员工就不够优秀。要想留住最优秀的员工，就需要表示出你对他们的重视程度。在公众场合表扬他们，在私底下再批评（如果有必要的话）。

至少要日行一善：让赶时间的旅客先过安检，给服务员60%的小费，把家门前的雪铲掉，替跟在你后面的那个人交通行费。你不仅可以让别人一天都过得很开心，还可以让你一整天都过得很开心。

互联网行为建议

表达谢意的家谱

使用任意一款免费的在线家谱软件创建自己的家谱，或者使用家庭其他成员已经建好的家谱。在每个重要的家庭成员旁边详细写上注解：

1. 你们共同拥有的美好回忆；

2. 这个人在哪些方面值得尊敬；

3. 你从他身上学到了什么。

如果您的家谱很复杂，可以直接用邮件或在网上发布这 3 项内容。这是最好的网络化拥抱。输入这些内容时，你会感觉心情愉快；看到这些内容的人也会心情愉快。

学会聆听

美国宪法指出，人（而不是系统）才是成功的缔造者。在网上和现实生活中创建强大的人际关系网络是迈向成功的第一步。第二步是要认真聆听他们说的话。即使你不准备采取他们的建议，也要聆听他们的建议。很多创业公司都迁到硅谷的原因是，创始人想与有经验的人为伍。虽然很多 20 多岁的倔强青年不一定会听取导师的意见，但他们至少试图这样做。比如说，马克·扎克伯格承认，如果没有肖恩·帕克（Napster 的创始人之一），他可能不会如此坚定地保留对董事会和公司的控制权。让其他人和机构对你产生更大兴趣的方法是倾听什么对他们最重要。你应该相信自己能获得成功，但你应该从容地进行这一切，让别人（而不是自己）大声庆祝你的成功。

> 领导思维是一门让别人心甘情愿替你完成心愿的艺术。
>
> 德怀特·戴维·艾森豪威尔

把网上的帖子看成别人对你的第一印象，你在网上的一言一行都会永远存在。尽可能让自己的在线交流更聚焦个人，例如，在 Twitter 这类工具中，她会留意对方来自哪个城市，并花时间来正确拼写他们的名字：“谢谢你的建议，塔莎！我希望今晚曼联会获胜！”针对个人的网络化沟通，和现实生活中记住朋友小孩的名字是一样的道理。不要忘记，如果你对别人更感兴趣的话，在两天内就能吸引到更多的追随者；这要比你在两个月内，总是试图让别人对你感兴趣时、吸引到的追随者要多得多。

成为互联网时代高效引领者行动指南

* 朋友和追随者都是网络化货币，要尽早、经常对他们投资；
* 仅凭一己之力是无法取得成功的。无论是在网上还是现实生活中，都要结交优秀的人；
* 保证LinkedIn上个人页面信息的完整性；
* 消费者要求和企业建立合作关系；
* 世界需要简明扼要的会议和信息——要么适应，要么灭亡；
* 学习有效的网络化沟通技巧，避免使用错误的语气，造成不必要的误解（93%的交流都不是通过语言进行的）；
* 当众给予表扬，私下批评；
* 有些事情最好是在线下处理；
* 在与别人交谈时，要全神贯注；
* 不要回避网上的批评，这是让你取得进步的好方法；
* 散发出自信的魅力——自信能够深深吸引朋友和追随者；
* 保证你身边的人都清楚自己的职责所在；
* 面对面交流有助于加深起源于网络的关系；
* 通过表现出对他们的兴趣（而不是让他们对你感兴趣）能够吸引更多的追随者。

结　语

一本书最好的并不是它所包含的思想，而是它所提出的思想…

约翰·格林里夫·惠蒂埃

我在本书中介绍了很多几个世纪以来一直适用的领导思维。在当今高科技技术改变了某些原则的情况下，我也尽量用一些示例说明。当今的互联网时代，机会唾手可得。因此企业一把手和有抱负的引领者应该将技术当成他们的朋友，而不是敌人。

过去这些领导思维习惯可能很有益，但并不是引领者必须具备的。他们可能会在某些地方走捷径，也不会有人注意到。但在互联网时代，人们肯定会发现你所走的捷径或托辞，会让网络舆论法庭向你问责。对任何人来说，互联网的世界都是完全透明的。因此，那些渴望成为引领者的人，就必须不断地遵循成为互联网时代引领者的 5 大法则。如果他们这样做，就会发现：他们对其他人的影响力，要比过去任何时候都大得多。请记住，口碑营销已经全球化了。

即使你只是普通人，你也在互联网上创建者自己的网络化遗产——几百年后仍会被别人看到。不管你是一名“冰球妈妈”，还是经营着一家企业，都要问问自己：“我今天的行为对社会有益吗？”“我赋予别人权力了吗？”“100 年后人们在网上搜索我时，会搜索什么？我的网络化遗产对后人有价值吗？”如果你在造福后人的同时，也赋予了别人权力，那么毫无疑问，你就是一名引领者。我们都有潜力过最好的生活、激励其他人，并留下重要的遗产。互联网工具是帮助我们释放潜力的关键。生活、领导思维和遗产是不可分割的。你在过最好的生活时，其他人就会想要被你引领，你就会留下网络足迹和痕迹，激励后人过他们自己最好的生活。

成功和幸福是真正的选择。通过简化生活、把握机会、忠于自己的激情和与正确的人为伍，就能过好自己的生活，并有效地引领他人。在这个过程中，一定要把失败当成你的朋友：你可以从中受到激励，而且只要你从失败中前进、迅速失败、更好地失败，就能够从中学到经验教训。假设每天都有挑战，要毫无怨言地迎接它们——没有挑战的人生很乏味。

无论自己的梦想看起来多么大胆，都在勇敢地去追寻。如果没人嘲笑你的目标，就制定一个大一点的目标。那些支持你最高目标的人，就是能够帮助你的人。要记住，凭一己之力是无法取得成功的，因此在你获得成功时，一定要感谢这些人。

我希望你能从本书中学到尽可能多的知识，就像我写这本书时学到的那么多。我一定会将本书当作我余生的指南，希望你也能这么做。如果有需要我帮忙的地方，请联系我！

埃里克·奎尔曼
equalman@gmail.com
twitter@equalman

译者后记

“尼尔·阿姆斯特朗是第一个在月球上行走的人，为此，人们发行了一枚邮票来纪念该事件。然而历史上很少有人能达到这样高的名望。互联网时代则改变了这种观念：现在我们每个人都有一枚属于自己的网络化邮票。这种全新的邮票并不只是为这个世界上有名望的人准备的，它所带来的影响力要远远大于普通邮票。”

作者在前言部分的这段话告诉我们在互联网时代中这个鲜明的事实：不管我们是否拥有一台电脑，我们都会被“印在邮票上”。网络化环境会永远保留我们所有正面和负面的形象。

本书总共分为 5 个部分，包含 16 章内容。书中提出了很多切合实际的建议。奎尔曼给我们提供了包括如何整理邮箱收件箱，如何避免在求职过程中的“地雷”，如何寻求真正的反馈等方面的建议。作者还分别介绍了杰出引领者的故事，包括杰夫·贝佐斯、史蒂夫·乔布斯、雷·克洛克、纳尔逊·曼德拉和霍华德·舒尔茨。

这本书不同于其他介绍互联网的书籍，它将成功人士的很多习惯重新引导到互联网世界中。整本书侧重于通过 STAMP 来告诉你如何在互联网时代中建立自己的声誉。STAMP 分别是简化（Simple）、忠诚（True）、行动力（Act）、路径（Map）和人才（People）的第一个字母的缩写，但现有的很多书籍都将这些内容笼统地归纳为个人生产力和成功。

奎尔曼并没有讨论如何使用社交媒体和在线工具来获得成功，也没有重申优先性原则。如果你想要知道非互联网领导思维能否转化到社交媒体，那么我可以保证：这本书一定不会让你失望。

感谢人民大学出版社能将这本书交由我翻译；感谢编辑老师白桂珍和田碧霄，谢谢她们对我的帮助和宽容；感谢在本书翻译过程中，为我提供帮助的朋友，他们包括：李静、李青翠、樊瑞春、韩欣、樊旺斌、翟晓锦、赵鹏飞。

虽然已尽最大努力翻译，但译文过程中难免有措辞不准之处，欢迎大家批评指正。

师蓉

2015 年 1 月 18 日

北京阅想时代文化发展有限责任公司为中国人民大学出版社有限公司下属的商业新知事业部，致力于经管类优秀出版物（外版书为主）的策划及出版，主要涉及经济管理、金融、投资理财、心理学、成功励志、生活等出版领域，下设“阅想·商业”、“阅想·财富”、“阅想·新知”、“阅想·心理”以及“阅想·生活”等多条产品线。致力于为国内商业人士提供包含最先进、最前沿的管理理念和思想的专业类图书和趋势类图书，同时也为满足商业人士的内心诉求，打造一系列提倡心理和生活健康的心理学图书和生活管理类图书。

阅想·商业

《打赢一场销售的战役：世界著名战役销售启示录》

- 全球销售研究泰斗、SPIN 销售法的提出者 Huthwaite 公司总裁倾力打造。
- 集军事战争史、SPIN 销售法于一身的跨界销售巨著。
- 基于历史上著名的战役实例，为广大销售人员提供了最佳的销售实践经验，让销售人员学会避免战争中的失败教训，获得销售实战的最佳武器。

《敏捷性思维：构建快速更迭时代的适应性领导力》（“商业与敏捷性”系列）

- 世界敏捷项目管理大师吉姆·海史密斯的最新力作。
- 曾成功帮助华为、顺丰速递和中国平安等中国顶级企业进行敏捷转型战略。

《白板式销售：视觉时代的颠覆性演示》（“商业与可视化”系列）

- 用一支笔的力量，终结 PPT 时代，开启视觉时代强大演示；
- 全球超过 20 多个国家、5 万多名专业销售人员都在用的销售利器

《颠覆传统的 101 项商业实验》

- 一本会彻底颠覆你对商业的看法，挑战你的商业思维极限的书
- 教会你如何做才能弥补理论知识与商业实践之间的差距！

《游戏化革命：未来商业模式的驱动力》（“互联网与商业模式”系列）

- 第一本植入游戏化理念、实现 APP 互动的游戏化商业图书。
- 游戏化与商业的大融合、游戏化驱动未来商业革命的权威之作。
- 作者被公认为“游戏界的天才”，具有很高的知名度。
- 亚马逊五星级图书。

《忠诚度革命：用大数据、游戏化重构企业黏性》（“互联网与商业模式”系列）

- 《纽约时报》《华尔街日报》打造移动互联时代忠诚度模式的第一畅销书。
- 亚马逊商业类图书 TOP100。
- 游戏化机制之父重磅之作。
- 移动互联时代，颠覆企业、员工、客户和合作伙伴关系处理的游戏规则

《互联网新思维：未来十年的企业变形计》（“互联网与商业模式”系列）

- 《纽约时报》、亚马逊社交媒体类 No.1 畅销书作者最新力作
- 汉拓科技创始人、国内 Social CRM 创导者叶开鼎力推荐
- 下一个十年，企业实现互联网时代成功转型的八大法则以及赢得人心的三大变形计
- 亚马逊五星图书，好评如潮

《提问的艺术：为什么你该这样问》

- 一本风靡美国、影响无数人的神奇提问书
- 雄踞亚马逊商业类图书排行榜 TOP100；
- 《一分钟经理人》作者肯·布兰佳和美国前总统克林顿新闻发言人迈克·迈克科瑞鼎力推荐

《自媒体时代，我们该如何做营销》（“商业与可视化”系列）

- 亚马逊营销类图书排名第1位；
- 第一本将营销技巧可视化的图书，被誉为“中小微企业营销圣经”，亚马逊2008年年度十大商业畅销书《自媒体时代，我们该如何做营销》可视化版；
- 作者被《华尔街日报》誉为“营销怪杰”；第二作者乔斯琳·华莱士为知名视觉设计师；
- 译者刘锐为锐营销创始人；
- 国内外诸多重磅作家推荐，如丹·罗姆、平克、营销魔术师刘克亚、全国十大营销策划专家何丰源等。

阅想·新知

《对“伪大数据”说不：走出大数据分析与解读的误区》

- 美国纽约大学统计学权威教授、超高人气的博客“垃圾图表”博主最新力作。
- 引领你拨开大数据分析的层层迷雾，帮你认清大数据分析与解读背后的真相。

《断点：互联网进化启示录》

- 一部神经学、生物学与互联网技术大融合的互联网进化史诗巨著。
- 《纽约时报》、《今日美国》年度超级畅销书。

《大未来：移动互联时代的十大趋势》

- 第一本全面预测未来十年发展趋势的前瞻性商业图书。
- 涵盖了移动互联网时代的十大趋势及其分析，具有预测性和极高的商业参考价值，帮助企业捕捉通往未来的的商机。
- 全球顶级管理咨询公司沙利文公司中国区总经理撰文推荐。
- 中国电子信息产业发展研究院鼎力推荐。

《数据之美：一本书学会可视化设计》

- 《经济学人》杂志 2013 年年度推荐的三大可视化图书之一。
- 《大数据时代》作者、《经济学人》大数据主编肯尼思·库克耶倾情推荐，称赞其为“关于数据呈现的思考和方式的颠覆之作”。
- 亚马逊数据和信息可视化类图书排名第 3 位。
- 畅销书《鲜活的数据》作者最新力作及姐妹篇。
- 第一本系统讲述数据可视化过程的的普及图书。

阅想官方微博：阅想时代

阅想微信公众号：阅想时代

（微信号：mindtimespress）

阅想时代 | 策划
Mind Times Press

Erik Qualman

Digital Leader: 5 Simple Keys to Success and Influence

ISBN: 978-0-07-179242-4

图书在版编目（CIP）数据

互联网领导思维：成为未来引领者的五大法则 /（美）埃里克·奎尔曼（Qualman, E.）著；师蓉译 .—北京：中国人民大学出版社，2015.2

ISBN 978-7-300-20717-9

Ⅰ.①互… Ⅱ.①奎… ②师… Ⅲ.①领导学-研究 Ⅳ.①C933

中国版本图书馆 CIP 数据核字（2015）第021935号

互联网领导思维：成为未来引领者的五大法则

［美］埃里克·奎尔曼 著

师蓉 译

Hulianwang Lingdao Siwei: Chengwei Weilai Yinlingzhe De Wu Da Faze

出版发行	中国人民大学出版社		
社　　址	北京中关村大街31号	邮政编码	100080
电　　话	010-62511242（总编室）		010-62511770（质管部）
	010-82501766（邮购部）		010-62514148（门市部）
	010-62515195（发行公司）		010-62515275（盗版举报）
网　　址	http:// www. crup. com. cn		
	http:// www. ttrnet. com（人大教研网）		
经　　销	新华书店		
印　　刷	北京中印联印务有限公司		
规　　格	170 mm × 230 mm　16开本	版　　次	2015 年2月第1版
印　　张	15.25　插页1	印　　次	2015 年 6 月第 3 次印刷
字　　数	196 000	定　　价	55.00元